CÓMO DEJAR DE PENSAR DEMASIADO Y EMPEZAR A VIVIR

Detén tus pensamientos negativos y controla tu vida

Simone Keys

Copyright 2023 Todos los derechos reservados©.

Está estrictamente prohibido reproducir, duplicar o transmitir el contenido de este libro sin la autorización expresa y por escrito del autor. En ningún caso, el editor será considerado legalmente responsable de cualquier indemnización, daño o pérdida monetaria causada por la información contenida en este libro, ya sea de forma directa o indirecta.

Aviso legal:

No se permite realizar modificaciones, distribución, venta, uso o citación alguna del contenido de este libro sin el consentimiento expreso del autor.

Aviso de exención de responsabilidad:

La información incluida en este libro sólo tiene fines educativos y de entretenimiento. No se proporcionan garantías explícitas ni implícitas de ningún tipo. Los lectores reconocen que la autora no ofrece asesoramiento legal, financiero, médico o profesional.

Índice

Introducción. Un camino hacia la liberación mental — 7

Capítulo 1. El pensamiento excesivo — 13

    ¿Qué es y qué no es pensamiento excesivo? — 15

    ¿Cómo nos afecta el pensamiento excesivo? — 17

    Importancia de reducir pensamientos excesivos — 20

    Pensamiento excesivo: ¿Cómo superarlo? — 22

Capítulo 2. Rompiendo el ciclo — 33

    Liberarnos del pensamiento excesivo — 34

    Identificar pensamientos excesivos — 37

    Enfrentar pensamientos excesivos — 40

    Romper patrones de pensamiento obsesivo — 42

Capítulo 3. Herramientas para la serenidad mental — 45

    Liberación a través de las palabras — 55

    El ejercicio y el equilibrio mental — 60

Capítulo 4. Estrategias para una vida equilibrada — 63

    Implementando estrategias   65

    Diseñando un camino personalizado   74

    El compromiso con el cambio mental positivo   80

Capítulo 5. Caminar al bienestar y la plenitud   83

    El viaje hacia una mente más tranquila   85

    El poder del presente   88

Capítulo 6. El pensamiento excesivo y su impacto   97

    Pensamientos excesivos y estrés   99

    ¿Cuándo buscar ayuda profesional?   108

Conclusión   113

Bonus 1   117

Bonus 2   123

Bonus 3   125

Bonus 4   129

Capítulo La buena voluntad   133

Introducción

Un camino hacia la liberación mental: Descubre cómo tomar el control de tus pensamientos

El exceso de pensamiento puede manifestarse de diferentes maneras en nuestras vidas: la preocupación constante, la rumiación persistente de un tema en particular o los pensamientos obsesivos, por mencionar solo algunos ejemplos.

Estos patrones psicológicos pueden generar estrés, ansiedad y depresión, limitando nuestra capacidad para disfrutar de la vida y llevar a cabo nuestras actividades diarias con plenitud.

Por eso, es fundamental adquirir las habilidades necesarias que nos ayuden a controlar nuestros pensamientos y reducir su ritmo insistente.

Lo que pensamos impacta directamente nuestras acciones y decisiones, por lo que controlarlos es de una importancia vital.

Si permitimos que nuestros pensamientos se conviertan en persistentes y obsesivas ideas en torno a nuestros problemas, es probable que nuestras acciones y decisiones también se vean afectadas de forma negativa.

Se ha comprobado que el pensamiento excesivo está asociado a una mayor probabilidad de desarrollar problemas mentales, tales como la ansiedad y la depresión. Por lo tanto, al aprender a gestionar nuestros pensamientos, tendremos mayor bienestar físico y mental.

En este libro, te voy a dar varias estrategias que te pueden ayudar a prevenir y controlar los pensamientos excesivos, y que además, también te ayudarán a promover tu bienestar físico y mental.

Hablaremos de la meditación y la atención plena, las distracciones conscientes, el replanteamiento de los pensamientos negativos, la escritura liberadora y la importancia del ejercicio, con seguridad vas a descubrir poderosas herramientas para liberar tu mente.

Con respecto a las técnicas de meditación y atención plena, te adelanto que son muy efectivas para reducir la frecuencia y el ritmo del pensamiento excesivo.

Por un lado, la meditación invita a centrar nuestra atención en el presente, dejando de lado los pensamientos que nos distraen o resultan irrelevantes.

Por otro lado, la atención plena nos permite ser conscientes de nuestros pensamientos, sentimientos y sensaciones, sin juzgarlos.

Ambos métodos son similares ya que nos permiten retomar el control de nuestra mente, de nuestro comportamiento, y con esto, nos ayudan a liberarnos de los pensamientos recurrentes.

Otra estrategia valiosa que aprenderás es la distracción consciente, con la que podrás desviar tu atención, de forma intencional, hacia actividades que permitan alejarte de los pensamientos negativos y disfrutar tu vida sana y plenamente.

Verás que con acciones simples como hacer ejercicio, ordenar la casa, leer un libro, ir al cine o compartir momentos con amigos y familiares, podemos potenciar nuestra capacidad para el disfrute de todo lo que nos rodea y con esto, reducir significativamente el tiempo que pasamos pensando en exceso.

Por otra parte, también aprenderemos a reformular nuestros pensamientos negativos, buscando siempre una perspectiva mucho más optimista.

Al analizar nuestros pensamientos y encontrar una visión más positiva de las cosas, podemos cambiar nuestra actitud frente a los desafíos y aumentar nuestras posibilidades de superarlos de forma exitosa.

Con este cambio de perspectiva vas a reducir significativamente el tiempo que dedicas al pensamiento excesivo y con ello, también verás fortalecida tu capacidad para afrontar las situaciones difíciles que se te presenten en el camino.

De igual manera, también te quiero enseñar el poder de escribir tus pensamientos como método de liberación de tu mente, verás que, al plasmar tus ideas en un diario o en un papel y dejarlas ir, avanzarás un paso muy importante para el proceso de tu liberación mental.

Al observar esas ideas desagradables que tanto te agobian desde otra perspectiva y enfocar nuestra atención en el presente, vas a desprenderte de ellas y al fin sentirte libre de tanto diálogo interno.

Por último, pero no menos importante, quiero destacar el papel fundamental del ejercicio regular en la prevención del pensamiento excesivo.

Numerosos estudios han confirmado la reducción de los síntomas de estrés, ansiedad y depresión mediante la práctica regular de ejercicio físico.

Esto se debe a que la actividad física libera endorfinas, estas son las hormonas que ayudan a aliviar el estrés y la ansiedad pero, además, la práctica de una disciplina deportiva o hacer ejercicios con cierta frecuencia, va a desviar nuestra atención de los pensamientos desfavorables y va a aumentar nuestra capacidad para disfrutar de la vida en general.

Es importante recordar que los pensamientos negativos y los miedos son parte de nuestra experiencia humana, pero cuando se vuelven persistentes y dificultan nuestra vida, es necesario abordarlos.

En este libro, te daré las herramientas que necesitas para tomar el control de tus pensamientos y mejorar tu bienestar físico y emocional. Sin embargo, si no percibes progreso en tu situación, es recomendable buscar la ayuda de un profesional que te guíe en el proceso por medio de un plan personalizado según tus necesidades.

CAPÍTULO 1

El pensamiento excesivo

El pensamiento excesivo puede convertirse en un laberinto en nuestra mente, una maraña de preocupaciones y reflexiones que nos aleja del presente y nos impide disfrutar plenamente de la vida.

¿Qué son los pensamientos excesivos y cómo nos afectan? Acá te daré muchas técnicas y herramientas claves para liberarte de ellos y encontrar tu equilibrio y paz mental.

A medida que avanzamos en esta travesía, es importante distinguir qué es y qué no es el pensamiento excesivo, así podremos determinar que, cuando ciertos pensamientos son constantes en nuestra mente, interfieren con nuestras actividades diarias, aumentan el estrés y la ansiedad, es momento de tomar medidas para evitarlos y controlarlos.

Es importante diferenciar el pensamiento excesivo de una reflexión saludable. Ocasionalmente, todos reflexionamos sobre el pasado y el futuro, aprendiendo de nuestras experiencias y planificando nuestras acciones, pero la clave está en reconocer cuando el pensamiento es obsesivo, se desproporciona y nos impide avanzar.

El impacto del pensamiento excesivo abarca diferentes aspectos en nuestras vidas: No nos permite vivir en el presente, nos distrae de nuestras responsabilidades, sufrimos de estrés o de ansiedad y nos volvemos sumamente autocríticos, además, de no tomar acciones a tiempo, el agotamiento emocional y la inseguridad van a ser nuestros compañeros permanentes por un tiempo indefinido.

No podemos subestimar el poder de los pensamientos reiterativos. Numerosos estudios han demostrado que su exceso está ligado a problemas de salud mental, tales como la ansiedad y la depresión.

Si nuestro objetivo es vivir una vida plena y actuar de manera positiva, es muy importante que sepamos cómo manejar nuestros pensamientos y liberarnos de sus cadenas.

Tomar el control de nuestros pensamientos requiere dedicación y esfuerzo, pero no es una tarea imposible. La primera clave es tomar conciencia de los inadecuados patrones de pensamiento que hemos adoptado.

Llevar un registro de nuestros pensamientos y preocupaciones en un diario puede ser una herramienta útil, particularmente para identificar cuáles son nuestros patrones recurrentes, que los desencadenan y comprender cómo suelen surgir.

Una vez que hemos identificado los patrones, podemos comenzar a modificarlos, en esta tarea, el replanteamiento cognitivo es un poderoso aliado. Este consiste en encontrar alternativas y enfoques constructivos para contrarrestar los pensamientos negativos.

Es un proceso gradual, en el cual, poco a poco, vamos a darnos cuenta de que somos capaces de enfrentar los desafíos y encontrar soluciones.

El arte de dominar nuestros pensamientos no se da de la noche a la mañana, requiere perseverancia y práctica constante, así como cualquier otra meta valiosa en la vida. Pero si nos comprometemos a enfrentar nuestros patrones de pensamiento, a reconocerlos y modificarlos, estaremos muy cerca de una vida más plena y equilibrada.

Entonces, ¿estás listo para tomar las riendas de tu mente?

Sé consciente de tus pensamientos, identifica los patrones recurrentes y trabaja en modificarlos, este cambio requiere invertir tiempo y esfuerzo, pero con él podrás liberarte del pensamiento excesivo y estarás creando una realidad más positiva y satisfactoria.

¿Qué es y qué no es pensamiento excesivo?

El pensamiento excesivo es como un eco permanente en nuestra mente, ya sea reviviendo constantemente situaciones pasadas o preocupándonos en exceso por el futuro. Se enfoca en los aspectos negativos y suele ser irracional, magnificando los problemas más allá de lo necesario.

Para comprender mejor el tema, es útil describir un poco algunas de sus características. Permíteme explicarte cuáles son y en qué consisten:

- El pensamiento excesivo se repite una y otra vez, sin encontrar una solución o llegar a una conclusión clara.
- Se enfoca obsesivamente en los mismos pensamientos y preocupaciones, atrapandonos en un interminable bucle de situaciones del pasado o preocupaciones futuras.
- Surge sin control y de forma involuntaria, dificultando nuestra capacidad para desviar nuestra atención hacia otros asuntos.
- Se centra en lo negativo, exagera la magnitud de los problemas y alimenta la ansiedad y el miedo.
- El pensamiento excesivo puede afectar nuestra capacidad de concentración, rendimiento laboral, relaciones personales y bienestar emocional en general.

Características del pensamiento no excesivo:

- Reflexionar ocasionalmente sobre situaciones pasadas o futuras de manera constructiva no se considera pensamiento excesivo. Es natural aprender de nuestras experiencias y crecer.
- Pensar en el futuro y hacer planes es parte normal de la vida. La diferencia está en el nivel de preocupación y obsesión que acompaña a esos pensamientos.

- En ciertos momentos, es necesario analizar y considerar diferentes escenarios para tomar decisiones informadas. Sin embargo, el pensamiento excesivo va más allá de esto, convirtiéndose en un ciclo sin fin de preocupación que no conduce a ninguna parte.

Es crucial reconocer la diferencia entre una reflexión saludable y el pensamiento excesivo, ya que este último puede tener un impacto negativo en nuestra salud mental y bienestar general.

Nos atrapa en un estado de ansiedad constante, impidiéndonos disfrutar plenamente del presente disminuyendo nuestra calidad de vida.

¿Cómo nos afecta el pensamiento excesivo?

Reflexiona por un momento: ¿De qué forma el pensamiento excesivo te afecta? ¿Diariamente, qué tanto impacta el pensamiento excesivo en tu bienestar emocional?

Perder nuestra capacidad para disfrutar de las cosas y personas que nos rodean, es uno de los efectos más perjudiciales del pensamiento excesivo.

Nos perdemos en medio de las preocupaciones y los pensamientos negativos, perdiendo la posibilidad de saborear la vida. Nos apartan del presente y de las experiencias alegres y felices.

Imagina que estás con tu familia de paseo por el parque, pero a tu mente le da por divagar sobre el futuro y te invaden pensamientos preocupantes, o comienzas a cuestionarte si haces bien las cosas o si podrás enfrentar los desafíos que se avecinan, y allí te pierdes, te alejas del presente y dejas de disfrutar el paseo.

En lugar de deleitarte plenamente en el presente, tus pensamientos te atraparon en un espiral de preocupación que te impide disfrutar del momento y de la belleza que te rodea.

De igual forma, el pensamiento excesivo puede interferir y entorpecer nuestras actividades diarias. Nos distrae, nos impide concentrarnos, esta falta de concentración impacta nuestro rendimiento, nos frustra y nos desmotiva.

Imagina ahora que estás en tu trabajo y debes completar una actividad importante, pero un pensamiento intrusivo se apodera de tu mente, por ejemplo, comienzas a preocuparte excesivamente por cometer un error grave o por las críticas que podrías recibir.

Esta preocupación constante te distrae, no te concentras en la tarea en cuestión y te lleva a cometer errores que normalmente no harías. Como resultado, se afecta tu rendimiento, y te sientes mal por no poder realizar tu trabajo de manera efectiva.

Por otra parte, la ansiedad y el estrés van de la mano con los pensamientos excesivos. Preocuparnos constantemente por lo que va a ocurrir y anticiparnos a escenarios negativos conlleva a una abrumadora sobrecarga emocional, creando un ciclo ansioso y de estrés que afecta nuestra salud tanto mental, como física.

En esta ocasión, imagina que estás por ir a la entrevista de trabajo que has esperado por semanas, pero comienzas a preocuparte, y sólo piensas, intensamente, en las posibles preguntas difíciles que te podrían hacer, o por no estar a la altura de las expectativas.

Esta ansiedad y estrés, generados por el pensamiento excesivo, te llevan a sentir abrumado, te pones nervioso, se acelera tu corazón, te cuesta respirar bien, y no estás concentrado para el momento de la entrevista.

No podemos olvidar la inseguridad y la autocrítica que nos acompañan cuando aparecen los pensamientos excesivos. Nos criticamos y dudamos de nuestras propias capacidades. La inseguridad nos detiene, limita nuestro crecimiento personal y profesional, y nos impide alcanzar nuestro verdadero potencial.

Ahora imagina que estás en una reunión con amigos o conocidos y, mientras interactúas con ellos, te comienzas a preguntar constantemente: "¿Dije algo inapropiado?", "¿Les caigo bien a todos?"

Estos pensamientos negativos y autocríticos minan tu confianza, te hacen sentir inseguro en las interacciones sociales, y dificulta tu capacidad para disfrutar de la velada.

Por último, el agotamiento emocional es una consecuencia directa del flujo constante de pensamientos excesivos, cuando estos aparecen, nos sentimos abrumados, sin energía, perdemos la motivación para enfrentar los desafíos de la vida, y esta falta de descanso emocional nos dirige al agotamiento y la depresión.

Ahora piensa que has tenido un día agitado, cargado de responsabilidades. Llegas a casa y, en lugar de relajarte y descansar, solo te preocupas, tienes pensamientos negativos de tu día y de lo que aún te queda por hacer.

Al final estás emocionalmente exhausto, sin energía para disfrutar de tu descanso y no puedes recargar el ánimo para enfrentar un nuevo día con vitalidad y claridad mental.

Es importante reconocer cómo el pensamiento excesivo nos puede afectar, solo así podremos abordarlo de manera efectiva.

Recuerda, tú tienes el poder de retomar el control de tu mente y encontrar la serenidad que tanto anhelas.

Importancia de reducir pensamientos excesivos

Comprender cómo reducir nuestros pensamientos excesivos es el primer paso para hacer un giro positivo en nuestras vidas. Lo que pensamos tiene un impacto directo en nuestras acciones y decisiones, y si permitimos que los pensamientos intrusivos nos dominen, perdemos toda nuestra capacidad para actuar de manera positiva.

Numerosos estudios han demostrado que el pensamiento excesivo está asociado con un mayor riesgo de desarrollar problemas de salud mental, como la ansiedad y la depresión. Por lo tanto, es fundamental para nuestro bienestar tomar el control de nuestra mente.

Esto es todo un desafío, pero es posible lograrlo con perseverancia y esfuerzo constante, esto requiere una conciencia continua de nuestros pensamientos y un compromiso personal para cambiar los patrones de pensamiento destructivos.

No se trata de evitar o descartar los pensamientos negativos, sino de adoptar una perspectiva diferente y encontrar formas más optimistas de enfrentar las situaciones.

Para dominar nuestro diálogo interno, debemos ser conscientes de los patrones de pensamiento que adoptamos. Una práctica útil es llevar a cabo un registro de nuestros pensamientos y preocupaciones en un cuaderno o papel.

Esto nos ayudará a reconocer los patrones recurrentes y los temas que surgen en nuestros pensamientos, y nos dará una comprensión más profunda de cómo influyen en nuestra vida diaria.

Una vez que identifiquemos los patrones recurrentes de pensamiento, podemos comenzar a modificarlos. Una técnica efectiva es el replanteamiento cognitivo, que consiste en encontrar una perspectiva alternativa o un enfoque constructivo para los pensamientos negativos.

Por ejemplo, en lugar de pensar "jamás voy a superar esto", podemos replantearlo como "aunque en este momento esto es un desafío, tengo la capacidad de superarlo con algo de tiempo y la ayuda adecuada". Este cambio de perspectiva nos ayuda a encontrar soluciones y desarrollar una mentalidad más positiva.

Por otra parte, la meditación y la atención plena también nos pueden ayudar a reducir el exceso de pensamiento, ambas nos permiten enfocarnos en el presente y nos permiten dejar ir los pensamientos irrelevantes.

Con estas herramientas, aprendemos a cultivar la calma interior y a vivir en el presente, además, nos liberan de la carga mental del pensamiento excesivo.

Dominar nuestros pensamientos no es algo que podamos lograr de inmediato, requiere de la práctica y la determinación.

Enfrentar nuestros patrones de pensamiento, reconocerlos y modificarlos es un proceso continuo que requiere perseverancia.

Así que, si deseas tomar el control de tu mente, debes cultivar la conciencia de tus patrones de pensamiento, reconocer los temas recurrentes y esforzarte por modificarlos.

Pensamiento excesivo: ¿cómo superarlo?

¿Te has sentido atrapado en un ciclo interminable de pensamientos? Esa tendencia a dar vueltas una y otra vez a preocupaciones pasadas, imaginar escenarios futuros y magnificar las dificultades presentes, seguro te resulta familiar.

El pensamiento excesivo, o rumiación, es agotador y perturbador. Nos impide disfrutar plenamente de la vida, nos dificulta realizar nuestras tareas diarias, puede generar emociones negativas como ansiedad, tristeza y estrés. ¡No te desanimes! Te ayudaré a descubrir cómo superar ese patrón y encontrar el equilibrio mental que tanto anhelas.

Cada uno de nosotros tiene una forma única de pensar y procesar los acontecimientos de la vida. Por eso, la percepción del pensamiento excesivo puede variar de una persona a otra, no obstante, existen síntomas comunes que pueden avisarnos que estamos cayendo en este ciclo perjudicial.

No poder apartar la mente de una dificultad, agrandar y rumiar constantemente un problema, o tener problemas de concentración, son síntomas que dificultan nuestra capacidad para disfrutar de la vida y realizar nuestras actividades diarias.

Por esto es fundamental reconocer que, somos nosotros mismos quienes le permitimos a nuestra mente tomar el control de esta manera, pero ¿por qué lo hacemos?

Hay varias explicaciones para ello: Eventos traumáticos, un entorno estresante, o una situación complicada, incluso las relaciones interpersonales conflictivas pueden generar un ciclo de pensamientos excesivos.

Una vez que entendemos las causas del pensamiento excesivo, podemos tomar medidas para superarlo. Recuerda que esto no sucede de la noche a la mañana, pero con práctica y determinación, lograrás reducir su impacto en tu vida.

Aquí tienes algunas estrategias útiles para controlar tus pensamientos excesivos:

Conciencia

La clave para liberarnos del pensamiento excesivo radica en la conciencia de nuestros procesos mentales. Es primordial estar atentos a esos momentos, en los que nuestras mentes se vuelven un torbellino de pensamientos sin control, y reconocer cuándo ponerles un alto.

Ser conscientes de nuestros pensamientos excesivos implica tomar el timón de nuestra mente y evitar que se convierta en un obstáculo para nuestro bienestar.

No permitamos que nuestros pensamientos se enreden y nos agoten mentalmente. Seamos los guardianes de nuestra propia conciencia.

Cuando tomamos conciencia de que estamos experimentando un pensamiento excesivo, avanzamos hacia nuestra liberación. Nos damos cuenta de que no somos esclavos de nuestros pensamientos y que podemos detener el ciclo.

Es como abrir los ojos ante una realidad que, sin darnos cuenta, hemos ocultado por mucho tiempo. La conciencia nos brinda la claridad necesaria para reconocer cuándo es momento de poner fin a los interminables y agotadores pensamientos excesivos.

No subestimes el poder de la conciencia, ella nos permite tomar el control y decir "ya no más" cuando los pensamientos excesivos quieren dominarnos. La conciencia es, básicamente, un acto de autodeterminación y de empoderamiento.

Así que, a partir de ahora, seamos conscientes de nuestros pensamientos. Observa cómo surge y cómo sucede. Reconoce cuándo están tomando demasiado espacio en tu mente y dales un alto. Recuerda que tú eres el dueño de tus pensamientos y que tienes el poder de liberarte de su cautiverio.

Cambio de perspectiva

Los pensamientos excesivos pueden ejercer un dominio sobre nuestras vidas, pero tenemos el poder de desafiar ese control. No permitas que estos pensamientos te gobiernen, esfuérzate por cambiarlos y adopta una perspectiva más positiva en la realidad.

El cambio de perspectiva es una poderosa herramienta que nos permite despojarnos de los pensamientos negativos y cambiarlo por un enfoque más optimista y realista. A veces, nuestros pensamientos pueden quedarse atrapados en un ciclo interminable de preocupaciones y suposiciones negativas, en estos momentos recordemos que tenemos el poder para romper ese ciclo.

Cuando te encuentres atrapado en pensamientos excesivos y oscuros, es el momento de tomar el control. Inténtalo con valentía y determinación. Cambia tu mirada y busca el lado positivo en cada situación.

Esto no significa que vas a negar las dificultades o a minimizar los desafíos, sino más bien, es encontrar una perspectiva equilibrada que te permita ver las oportunidades y el potencial de crecimiento que hay detrás de cada experiencia.

Desafía tus pensamientos negativos y busca evidencias que respalden una visión más realista y constructiva. Tus pensamientos no siempre son una representación exacta de la realidad, además, tienes capacidad para influir en ellos.

Pregúntate a ti mismo: ¿Qué evidencia tengo para apoyar estos pensamientos negativos? ¿Hay otras formas de ver esta situación?

A medida que te adentres en el cambio de perspectiva, no olvides la importancia de ser autocompasivo. Sé amable contigo mismo cuando te enfrentes a tus pensamientos excesivos. Reconoce que cambiar la forma de pensar lleva tiempo y esfuerzo, es normal tener altibajos durante este proceso.

Puedes cambiar tus pensamientos y controlar tu vida. No permitas que los pensamientos excesivos te definan ni te limiten.

Enfócate en cultivar una perspectiva optimista y realista, que te permita enfrentar los desafíos con confianza y a superarlos con éxito.

Distracción

En ocasiones, nos encontramos luchando por concentrarnos, atrapados en medio de una serie de pensamientos excesivos. Sin embargo, existe un método efectivo para romper ese ciclo y recuperar nuestra ansiada claridad mental: la distracción consciente.

La distracción consciente es una técnica que te permite tomar un respiro de tus pensamientos excesivos, proporcionándote un valioso descanso mental.

Cuando sientas que estás disperso y te resulte difícil enfocarte en una actividad, o liberarte de pensamientos agobiantes, es el momento de practicar la distracción.

Con la distracción no vas a escapar de los desafíos o evadir responsabilidades, lo que vas es a redirigir tu atención hacia actividades que te brinden alegría y satisfacción.

Una poderosa forma de distraerte es la lectura. Elige un libro que te apasione, que te transporte a otros mundos y te permita olvidar tus preocupaciones, al menos temporalmente.

Por medio de la lectura, exploras nuevas ideas, emociones y perspectivas, en ella podrás encontrar una renovada inspiración.

La música también puede ser una poderosa aliada al buscar una distracción consciente. Escucha tus canciones favoritas, aquellas que te llenan de energía positiva o te inviten a soñar. Permite que los ritmos y las melodías de tu música favorita te transporten a un estado de bienestar.

La práctica de un ejercicio es otro recurso valioso para desviar tu atención de los pensamientos excesivos a un estado de equilibrio y de paz mental. Encuentra una actividad física que sea agradable y estimulante, puede ser correr al aire libre, practicar yoga o participar en clases grupales, algo que disfrutes y te guste realizar.

A través del movimiento, vas a liberar endorfinas, te vas a conectar con tu cuerpo, despejando tu mente y ganando claridad mental.

Al desviar tu atención hacia actividades gratificantes, conseguirás un equilibrio que te va a permitir regresar a tus responsabilidades con otra perspectiva mucho más positiva.

Permítete momentos de descanso y disfruta, ya que al cuidar de tu bienestar mental, también fortaleces tu capacidad para enfrentar los desafíos de manera más efectiva.

Así que la próxima vez que te resulte difícil concentrarte, recuerda la importancia de la distracción consciente. Sumérgete en la lectura, deja que la música te envuelva o activa tu cuerpo a través del ejercicio. Descubre el poder de desviar tu atención hacia actividades que te nutran y te llenan de energía positiva.

Atención plena o *mindfulness*

Día a día, en nuestra ajetreada vida cotidiana, es fácil vernos atrapados en un ciclo interminable de pensamientos y preocupaciones, que nos impiden disfrutar plenamente del presente. Sin embargo, existe una poderosa herramienta que nos permite romper con este patrón y encontrar un mayor equilibrio mental: la atención plena o *mindfulness*.

La atención plena nos invita a dirigir nuestra atención, de forma consciente, al aquí y al ahora, liberándonos de la carga de los pensamientos obsesivos sobre el pasado o el futuro.

Al practicar la atención plena, adquirimos la habilidad para observar nuestros pensamientos y emociones sin juzgarlos ni apegarnos a ellos, simplemente los dejamos fluir.

Una forma efectiva de practicar la atención plena es por medio de la meditación, dedicando unos minutos al día, sentados en un lugar tranquilo, cerrando los ojos y enfocando nuestra atención en nuestra respiración.

En ese momento siente cómo entra y sale el aire de tu cuerpo, permite que tu mente se calme y se centre en el presente. Con cada inhalación y exhalación, suelta suavemente los pensamientos que surjan y regresa al presente.

La atención plena no se limita solo a la meditación, la podemos incorporar a nuestra vida diaria, mientras realizamos tareas cotidianas.

Por ejemplo, al lavar los platos, concéntrate en cada movimiento, en el tacto del agua y en los sonidos que se generan. Al comer, siente la textura, el color, el aroma y el sabor de los alimentos, disfruta conscientemente cada bocado. Al caminar, observa tu entorno, siente la conexión con el suelo y toma conciencia de cada paso que das.

La atención plena nos ayuda a desapegarnos de los pensamientos obsesivos y a encontrar un mayor equilibrio emocional. Al enfocarnos en el presente y en nuestro entorno, comenzamos a percibir el mundo de forma más clara y consciente. Nos liberamos de las preocupaciones y nos abrimos a experimentar la plenitud de cada momento.

Esta es una práctica que requiere paciencia y constancia. Con el tiempo, notarás cómo tu capacidad para estar presente se fortalecerá y cómo tus preocupaciones serán menos abrumadoras. Experimenta la atención del presente y regálate paz y calma.

Terapia y adquisición de habilidades

Enfrentar pensamientos excesivos relacionados con eventos traumáticos o situaciones complicadas puede ser abrumador, no obstante, hay una vía de apoyo combinado que te puede permitir un mayor equilibrio mental: la terapia y la adquisición de habilidades.

La terapia te da un espacio seguro y confidencial para explorar tus pensamientos, emociones y experiencias. Con el apoyo de un profesional, podrás identificar y comprender los patrones cognitivos que alimentan tus pensamientos excesivos. Te puede ayudar a descubrir nuevas perspectivas, recursos internos y herramientas prácticas para manejar, de manera más saludable, los desafíos que enfrentas.

Una de las principales fortalezas de la terapia es su enfoque personalizado, el terapeuta trabajará contigo de forma individual, adaptando técnicas y enfoques a tus necesidades específicas.

Si tus pensamientos excesivos están relacionados con eventos traumáticos, la terapia puede enfocarse en la sanación emocional y la resolución del trauma. Si se trata de situaciones complicadas, el terapeuta puede ayudar a desarrollar estrategias de afrontamiento efectivos y a construir resiliencia.

Además de la terapia, la adquisición de habilidades es otro aspecto clave en el proceso de transformación. A través del desarrollo de nuevas habilidades, ampliarás tu repertorio de herramientas para enfrentar los pensamientos excesivos.

Estas habilidades pueden incluir técnicas para el manejo del estrés, comunicación efectiva, establecer límites saludables y mejorar la autoestima. Al adquirirlas, terminarás más capacitado para abordar desafíos cotidianos y reducir la influencia de los pensamientos excesivos en tu vida.

El camino hacia el bienestar no es lineal, además, cada persona progresa a su propio ritmo. La terapia y la adquisición de habilidades requieren tiempo, dedicación y compromiso, a medida que te involucres en este proceso, vas a experimentar cambios en tu forma de pensar, sentir y actuar.

No tengas miedo de buscar apoyo profesional y explorar nuevas vías de desarrollo personal. La terapia y la adquisición de habilidades te brindarán herramientas poderosas para abordar tus pensamientos excesivos y encontrar un mayor equilibrio emocional.

¡Permite que estas oportunidades de crecimiento te guíen hacia una vida más plena y satisfactoria!

Cada uno de nosotros es único, por lo que es importante encontrar el enfoque que mejor se adapte a ti y a tu situación actual.

CAPÍTULO 2

Rompiendo el ciclo

Es abrumador cuando los pensamientos incesantes se adueñan de nuestra mente, lo he vivido, pero te quiero dar esperanzas ¡Tienes el poder de romper ese ciclo y encontrar la tranquilidad que tanto deseas!

El primer paso para liberarte del ciclo del pensamiento excesivo es tomar conciencia de que estás atrapado en él y reconocer el patrón. Observa tus pensamientos y reconoce cuándo caes en la rumiación constante y la preocupación. Al hacerlo, te distanciarás de esos pensamientos y comenzarás a ganar control sobre ellos.

Una vez que identifiques los patrones de tu pensamiento excesivo, es hora de desafiar su veracidad. Pregúntate a ti mismo si esos pensamientos son realmente útiles o si distorsionan la realidad. Nuestros pensamientos no siempre reflejan una verdad absoluta, y podemos darles menos importancia de la que les concedemos.

Luego, practica el enfoque consciente del *mindfulness*, presta atención plena al presente, sin juzgar ni engancharte en pensamientos recurrentes. Cuando te encuentres atrapado en un bucle de pensamientos, dirige tu atención al momento presente, enfocándote en tus sentidos o en tu respiración.

Establece límites mentales, no permitas que tus pensamientos controlen tu mente. Establece restricciones, barreras mentales y aprende a decir "ya no más" cuando se vuelven abrumadores. Desconéctate de esos pensamientos y enfócate en actividades que te brinden alegría y tranquilidad.

Busca apoyo en amigos, familiares o profesionales de la salud mental que puedan guiarte y brindarte apoyo. Compartir tus preocupaciones con personas de confianza va a aliviar tu carga mental y te ofrecerá nuevas perspectivas.

Romper el ciclo del pensamiento excesivo requiere tiempo y práctica, no te desanimes si encuentras obstáculos en el camino.

Cada pequeña acción que tomes para liberar tu mente de este tipo de pensamientos es un valioso logro. Confía en ti mismo y en tu capacidad para encontrar la paz interior.

Liberarnos del pensamiento excesivo

En nuestro camino hacia una mente más tranquila y serena, quiero compartir contigo diversas técnicas efectivas que sin duda nos ayudarán a romper el ciclo del pensamiento excesivo y encontrar esa anhelada calma interior.

Una clave fundamental para liberarnos del pensamiento excesivo es reconocer el poder del presente, aprender a vivir en el ahora. En lugar de preocuparnos por el pasado o angustiarnos por el futuro, centrémonos en el aquí y ahora.

Cultivemos la capacidad de disfrutar cada momento y seamos conscientes de las maravillas que nos rodean. Al hacerlo, lograremos desvincularnos de los patrones de pensamientos negativos y crearemos espacio para la serenidad y la alegría.

La atención plena es una poderosa herramienta para este propósito. Al practicarla, nos volvemos más conscientes de nuestros pensamientos sin permitir que nos arrastren.

Observamos los pensamientos que surgen, pero no nos enganchamos ni los juzgamos. Esta práctica nos permite liberarnos del control del pensamiento excesivo y experimentar una mayor claridad mental y tranquilidad.

Transformar nuestros patrones de pensamiento es otro aspecto importante. Nuestros pensamientos pueden convertirse en hábitos arraigados.

Identificar los patrones de pensamientos negativos y reemplazar los pensamientos más positivos y constructivos es fundamental.

A medida que nos volvemos conscientes de nuestros pensamientos recurrentes, podemos cuestionar su validez y buscar perspectivas alternativas.

Cultivemos pensamientos de gratitud, auto aceptación y confianza en nuestras capacidades. De esta manera, creamos una nueva mentalidad que nos impulsa hacia el crecimiento y la felicidad.

Establecer límites con nuestros pensamientos también resulta esencial. A menudo, los pensamientos excesivos invaden todas las áreas de nuestra vida. Es importante establecer límites saludables y recordar que somos nosotros quienes tenemos el control.

Aprendamos a decir "no" a los pensamientos que no nos sirven y dirijamos nuestra atención hacia aquellos que nos nutren y fortalecen. Al establecer estos límites, creamos un espacio sagrado para nuestra paz interior y bienestar.

El pensamiento excesivo puede agotarnos mental y emocionalmente. Para liberarnos de este ciclo, debemos priorizar nuestro autocuidado.

Dediquemos tiempo para descansar, relajarnos y participar en actividades que nos brinden alegría y rejuvenecimiento.

El ejercicio regular, una alimentación saludable y un sueño adecuado son pilares fundamentales para fortalecer nuestra mente y cuerpo. Cuidarnos a nosotros mismos nos permite enfrentar los desafíos con mayor resiliencia y claridad mental.

No estás solo en este camino hacia la liberación del pensamiento excesivo. Buscar apoyo y guía de personas cercanas o profesionales de la salud mental puede marcar una gran diferencia.

Compartir tus experiencias y preocupaciones con otros puede brindarte nuevas perspectivas y herramientas adicionales para superar los desafíos. Juntos, podemos apoyarnos en este viaje de crecimiento y transformación.

Liberarnos del pensamiento excesivo es un proceso gradual que requiere compromiso y paciencia. Permítete dar pequeños pasos cada día hacia una mente más tranquila y consciente.

Confía en tu capacidad para superar los obstáculos y cultivar la paz interior que mereces. Estoy aquí para acompañarte en este viaje hacia la liberación del pensamiento excesivo.

Identificar pensamientos excesivos

Tanto nuestras actividades externas como internas tienen un impacto significativo en nuestra mente y en cómo pensamos. Pasar horas largas frente a una pantalla, estar expuestos a noticias negativas o enfrentar situaciones estresantes pueden contribuir al desarrollo de patrones de pensamiento excesivo.

Cuando hablamos de "pensar demasiado", nos referimos a esa tendencia de dar vueltas y más vueltas a los problemas o preocupaciones sin llegar a una resolución. Este pensamiento repetitivo puede ser perjudicial para nuestra salud mental y física, ya que nos sumerge en un ciclo interminable de preocupación y estrés.

Los factores o detonantes del pensamiento excesivo son situaciones, eventos o estímulos que desencadenan una respuesta emocional negativa en nosotros. Estos factores pueden variar de una persona a otra, pero algunos ejemplos comunes incluyen el estrés laboral, las disputas interpersonales, las dificultades personales o financieras, entre otros.

Identificar estos detonantes es fundamental para comprender qué provoca nuestro pensamiento excesivo y, a partir de ahí, tomar medidas efectivas para abordarlo. Si no evitamos o gestionamos adecuadamente los pensamientos excesivos, pueden surgir diversas consecuencias negativas.

En primer lugar, nuestra salud mental se ve afectada, provocando ansiedad, estrés crónico y depresión. Además, estos pensamientos pueden tener un impacto en nuestra salud física, debilitando nuestro sistema inmunológico y aumentando el riesgo de enfermedades.

También pueden interferir en nuestras relaciones interpersonales, ya que nos llevan a sobreanalizar situaciones y nos impiden disfrutar el presente. Por tanto, es crucial tomar medidas para evitar el pensamiento desmesurado y sus consecuencias.

Esto implica desarrollar técnicas de autorregulación y manejo del estrés, como practicar la atención plena, establecer límites saludables en nuestras actividades diarias, buscar apoyo terapéutico, adoptar hábitos de relajación y tener un enfoque más positivo y realista hacia nuestros pensamientos.

Identificar los pensamientos excesivos y comprender cómo nuestras actividades cotidianas pueden influir en nuestra mente son pasos fundamentales para evitar caer en el pensamiento desmesurado.

A continuación, te doy algunas estrategias que puedes utilizar para reconocer y distinguir los pensamientos excesivos.

Presta atención a tu diálogo interno: Observa tus pensamientos y cómo se desarrolla en tu mente. Si notas que tiendes a dar vueltas a un tema o preocupación sin encontrar una solución, es posible que estés experimentando pensamientos excesivos.

Detecta patrones recurrentes: Observa si hay temas o específicos que se repiten con frecuencia en tu mente. Estos patrones pueden indicar pensamientos excesivos. Identificarlos te permitirán tomar medidas para abordarlos.

Examina tus reacciones emocionales: Los pensamientos excesivos suelen estar acompañados por emociones intensas, como ansiedad, preocupación o irritabilidad. Si notas que tus emociones se disparan ante ciertos pensamientos, es probable que estés enfrentando un patrón de pensamiento excesivo.

Evalúa la utilidad de tus pensamientos: Cuestiona la utilidad y veracidad de tus pensamientos. Pregúntate si tus pensamientos están basados en hechos concretos o si son simplemente sus posiciones o preocupaciones infundadas. Esto te ayudará a discernir qué pensamientos son excesivos y no te aportarán ningún beneficio real.

Observa los efectos en tu bienestar: Reflexiona sobre cómo los pensamientos excesivos afectan tu bienestar general. Si notas que te generan estrés, ansiedad o te impiden disfrutar el presente, es importante reconocerlos como pensamientos excesivos y buscar formas de manejarlos.

Practica la autorreflexión: Dedica tiempo para examinar tus pensamientos y reflexionar sobre su impacto en tu vida. Mantén un diario donde registres tus pensamientos recurrentes y cómo te hacen sentir. Esta práctica te ayudará a tomar conciencia de los pensamientos excesivos y trabajar en cambiarlos.

Recuerda que cada persona puede experimentar pensamientos excesivos de manera diferente, por lo que es importante que encuentres las estrategias que mejor se adaptan a ti.

Identificar los pensamientos excesivos es el primer paso para enfrentarlos y liberarte de su influencia en tu bienestar mental.

Enfrentar pensamientos excesivos

Cuando nos enfrentamos de manera efectiva a los pensamientos excesivos, abrimos la puerta a múltiples beneficios para nuestra mente y nuestro cuerpo.

Te has preguntado, ¿qué ganamos al desafiar esos pensamientos persistentes? Permíteme compartir contigo algunos de los beneficios más destacados.

Al enfrentar los pensamientos excesivos, recuperamos el control sobre nuestra mente y logramos disminuir la ansiedad que los acompaña. Al cuestionar y desactivar el ciclo constante de preocupación, podemos aliviar los niveles de estrés y encontrar una mayor calma interior.

Cuando reconocemos y etiquetamos los pensamientos excesivos, adquirimos una mayor claridad mental y objetividad. Esto nos permite separarnos emocionalmente de esos pensamientos y verlos desde una perspectiva más racional y equilibrada. Así, nos liberamos de su influencia y tomamos decisiones más fundamentadas.

Al enfrentar los pensamientos excesivos, nos liberamos de la parálisis mental y somos capaces de tomar decisiones de manera más efectiva. Al cuestionar la validez de esos pensamientos y buscar pruebas contradictorias, nos alejamos de la preocupación irracional y tomamos decisiones basadas en la realidad.

Enfrentar los pensamientos excesivos nos ayuda a liberarnos de la carga emocional que llevamos. Al practicar la atención plena y aprender a dejar pasar los pensamientos sin aferrarnos a ellos, experimentamos una mayor sensación de calma y bienestar emocional. Nos liberamos de la espiral de negatividad y encontramos paz interior.

Liberamos tiempo y energía para concentrarnos en actividades que nos brindan satisfacción y alegría. Al distraer nuestra mente y ocuparnos con actividades positivas, mejoramos nuestra calidad de vida y encontramos un equilibrio más saludable.

Liberarnos de los pensamientos excesivos lleva tiempo, práctica y paciencia. No se trata de resolverlo todo de un día para otro. Sin embargo, con perseverancia y la aplicación de las estrategias adecuadas, podemos experimentar una reducción significativa en la influencia de los pensamientos excesivos en nuestra vida cotidiana.

Romper patrones de pensamiento obsesivo

Descubrir cómo romper los patrones de pensamiento obsesivo y manejar la ansiedad puede ser realmente beneficioso para nuestra salud mental. Permíteme compartir contigo una estrategia efectiva: las distracciones conscientes.

Se trata de dirigir nuestra atención hacia actividades que no estén relacionadas con esos pensamientos ansiosos e improductivos que nos agobian.

Existen diversas formas de aplicar las distracciones conscientes. Algunas personas encuentran involucrarse en pasatiempos físicos útiles como la jardinería, el arte o el ejercicio, mientras que otras prefieren actividades más relajantes, como leer un buen libro o disfrutar del tiempo en compañía de seres queridos.

La clave está en encontrar algo que nos distraiga de manera efectiva y nos permita apartar nuestra mente de esos pensamientos desagradables.

Es importante tener en cuenta que las distracciones conscientes no son una solución permanente para los problemas de pensamiento excesivo y ansiedad. En cambio, son herramientas que nos ofrecen un alivio momentáneo y nos ayudan a manejar nuestros pensamientos y sentimientos a corto plazo. A largo plazo, es fundamental aprender a enfrentar nuestras ideas negativas en lugar de evitarlas por completo.

Una estrategia efectiva para utilizar las distracciones conscientes es el cambio de canal. Consiste en reconocer los momentos en los que nos sorprendemos pensando en algo desfavorable o estresante, y luego tomar la decisión consciente de reemplazar esos pensamientos por otros más positivos o útiles.

Podemos elegir recordar un momento agradable o planificar algo emocionante en lugar de preocuparnos por un problema en el trabajo. El objetivo no es ignorar los pensamientos desagradables, sino darles menos importancia y dirigir nuestra atención hacia algo más optimista.

Otra técnica útil es la estrategia del ancla positiva. Consiste en asociar un pensamiento o actividad positiva con un pensamiento o situación negativa, para facilitar su recuerdo y cambiar nuestro estado emocional.

Por ejemplo, antes de dar un discurso, podemos recordar un logro anterior o escuchar una canción que nos haga sentir seguros y confiados. Estas estrategias nos ayudan a cambiar cómo nos sentimos ya distraer nuestra mente de la experiencia desagradable.

Recuerda que las distracciones conscientes deben realizarse de manera consciente y no como una forma de escapar o evitar los problemas. Es importante adquirir las habilidades necesarias para enfrentar los desafíos de frente y resolverlos de manera productiva.

Las distracciones conscientes son una herramienta útil para controlar los pensamientos excesivos y la ansiedad. Nos permitan desviar nuestra atención hacia actividades más constructivas y positivas, brindándonos un alivio temporal y ayudándonos a manejar mejor nuestros pensamientos y emociones.

Sin embargo, es fundamental aprender a enfrentar y resolver los problemas a largo plazo. Las distracciones conscientes son sólo una parte del proceso de crecimiento personal y deben ser utilizadas en conjunto con otras estrategias para lograr un bienestar mental duradero.

Permíteme acompañarte en este viaje hacia una mente más tranquila y en equilibrio.

CAPÍTULO 3.

Herramientas para la serenidad mental

Son numerosas las valiosas herramientas que podemos utilizar para reducir los pensamientos reiterativos, y que además, contribuyen con esto a mejorar nuestro bienestar físico y mental.

A continuación, le presentaré algunas de ellas, para que pueda aprovechar al máximo sus beneficios, algunas de ellas las puedes practicar por cuenta propia, para otras, aunque las puedes ejecutar tú mismo, es recomendable el acompañamiento de un especialista, por último hay otras que requieren la dirección de un profesional en el área.

¡Descubre cómo estas tácticas pueden ayudarte a controlar el pensamiento excesivo y encontrar la serenidad mental que tanto anhelas!

Actividades relajantes

Dedicar tiempo a actividades relajantes es fundamental para reducir el pensamiento excesivo y fomentar la serenidad mental. El yoga, la meditación y el tai chi son ejemplos de actividades que pueden ayudarte a encontrar un estado de calma y equilibrio.

Al practicar estas actividades, te permite desconectar de las preocupaciones diarias y enfocarte en el momento presente. Por ejemplo, realizar una sesión de yoga al final del día te brinda la oportunidad de estirar y relajar tu cuerpo, al tiempo que te ayuda a liberar la tensión acumulada ya calmar la mente.

Esta terapia es una excelente opción para comenzar a reducir el pensamiento excesivo. Puedes realizar actividades como tomar un baño relajante, practicar la respiración profunda, escuchar música suave o leer un libro que te inspire tranquilidad.

Estas prácticas pueden realizarse fácilmente en casa y te brindan un espacio para desconectar y encontrar calma en medio de la rutina diaria.

Actividad física

El ejercicio físico regular es una herramienta poderosa para reducir el pensamiento excesivo y promover la tranquilidad mental.

Cuando nos movemos y nos ejercitamos, liberamos endorfinas, hormonas que generan sensaciones de bienestar y felicidad. Además, el ejercicio nos permite desconectar los pensamientos preocupantes y enfocarnos en nuestro cuerpo y en el movimiento.

Por ejemplo, salir a correr o dar un paseo en bicicleta puede ser una forma efectiva de liberar el estrés acumulado y mejorar nuestra salud mental en general.

El ejercicio regular es una poderosa herramienta para mejorar tanto el bienestar físico como mental. Puedes elegir una actividad que te guste, como caminar, correr o nadar. Al tiempo que dediques a mover tu cuerpo, liberarás endorfinas y reducirás el estrés, lo que a su vez contribuirá a calmar tu mente.

Escribir - Quemar

Este método consiste en escribir tus pensamientos recurrentes y preocupaciones en un papel y luego quemarlo para, simbólicamente, liberarte de su peso. Al hacerlo, estás liberando tus pensamientos y permitiéndote soltar aquello que te está descendiendo.

Podrías escribir todas esas preocupaciones en un papel y luego, al quemarlo, simboliza el acto de dejar ir esas inseguridades y permitirte avanzar sin la carga de esos pensamientos limitantes.

Puedes realizar este ritual en la intimidad de tu hogar, creando un espacio tranquilo y seguro para ti. Es una forma simbólica de dejar ir aquello que te perturba y abrir espacio para nuevos pensamientos y emociones positivas.

Reducir el tiempo de noticias y redes sociales

Estamos constantemente expuestos a noticias negativas y a la comparación en las redes sociales. Ambas pueden generar ansiedad y pensamientos excesivos, por lo que reducir el tiempo que les dedicamos, puede ser una estrategia efectiva para mantener la serenidad mental.

Esta terapia implica tomar conciencia de la cantidad de tiempo que pasa consumiendo noticias y navegando por las redes sociales, y reducir gradualmente ese tiempo.

Establece límites claros y momentos específicos, diarios o semanales, para revisar las noticias y las redes sociales y evitar la sobreexposición a información negativa o estresante. Esto te permitirá tener un mayor control sobre la información que consumes y evitar la sobrecarga mental.

Esta práctica es completamente accesible y puedes implementarla en tu día a día para fomentar una mayor tranquilidad mental.

Autohipnosis positiva

La autohipnosis positiva es una técnica en la que utilizas visualizaciones, sugerencias y afirmaciones para reprogramar tu mente hacia pensamientos más positivos y constructivos.

Puedes grabar tus propias afirmaciones positivas y escucharlas periódicamente, especialmente en momentos en los que te sientas abrumado por pensamientos negativos.

Por ejemplo, si te encuentras constantemente pensando en tus defectos físicos, podrías grabar afirmaciones como "me amo y acepto tal como soy" o "soy único y hermoso de muchas formas". Al repetir estas afirmaciones, estás entrenando tu mente para que se enfoque en pensamientos positivos y se aleje de la autocrítica destructiva.

Esta terapia te permite aprovechar el poder de tu mente subconsciente para cambiar patrones de pensamientos negativos y fomentar la serenidad.

Actitud de agradecimiento

La gratitud es una poderosa herramienta para cultivar la serenidad mental. Al enfocarte en las cosas por las que estás agradecido, cambias tu perspectiva hacia lo positivo y te alejas de la rumiación negativa.

Puedes crear el hábito de escribir diariamente tres cosas por las que te sientes agradecido, cosas simples como el sol que brilla en el cielo o el aroma de tu café por la mañana. Al reconocer y apreciar las pequeñas cosas de la vida, te abre una mentalidad más positiva y serena.

Además de llevar un diario de gratitud, también puedes practicar el reconocimiento y expresión de agradecimiento hacia los demás. Esta técnica es accesible para hacer en casa y puede tener un impacto significativo en tu bienestar emocional.

Pensamiento lógico

Este enfoque consiste en cuestionar y desafiar tus pensamientos negativos y excesivos desde una perspectiva lógica. Por ejemplo, si tienes el pensamiento recurrente de "nadie me respeta", puedes preguntarte a ti mismo: ¿Hay alguna evidencia de que esto sea cierto en todas las situaciones? ¿Existen personas que me demuestren respeto?

Al desafiar tus pensamientos y buscar evidencia contraria, puedes darte cuenta de que tus pensamientos negativos no siempre están fundamentados en la realidad.

Identifica tus pensamientos negativos automáticos y busca evidencias o pruebas que los respalden o refuten. Al aplicar el pensamiento lógico, puedes desafiar y modificar tus patrones de pensamiento limitantes, generando una mayor serenidad mental.

La meditación

Esta práctica milenaria nos ayuda a cultivar la atención plena y la calma mental. Existen diferentes enfoques de meditación, tales como la atención plena, la meditación para la relajación y la meditación trascendental. Todos pueden ser efectivos para reducir el pensamiento excesivo y promover la serenidad mental.

Dedica 10 minutos al día para sentarte en silencio y enfocarte en tu respiración, esto puede tener un impacto significativo en tu bienestar mental.

Hay numerosas guías y aplicaciones disponibles para ayudarte a iniciarte en la meditación también desde tu hogar, aunque puedes buscar grupos o clases locales para profundizar en tu práctica.

Modificar estilo de vida

A veces, pequeños cambios en nuestro estilo de vida pueden tener un gran impacto en nuestra serenidad mental.

Estos cambios pueden incluir establecer límites saludables, aprender a delegar tareas, establecer rutinas estructuradas o buscar momentos de soledad y autocuidado.

Por ejemplo, si te encuentras constantemente agotado por asumir excesivas responsabilidades, podrías aprender a decir "no" cuando sea necesario y priorizar tu bienestar emocional.

Evalúa aspectos como tu alimentación, calidad del sueño, manejo del tiempo, relaciones interpersonales y hábitos de autocuidado y de forma consciente, haz los ajustes positivos que procuren tu bienestar mental.

Distracción consciente

Cuando los pensamientos negativos y repetitivos amenacen con abrumarte, la distracción consciente puede ser una estrategia útil, desvía tu atención hacia actividades placenteras o interesantes para alejarte temporalmente de los pensamientos intrusivos.

Por ejemplo, si te encuentras atrapado en una espiral de pensamientos ansiosos, podrías optar por leer un libro, escuchar música, hacer una manualidad o salir a caminar.

Al enfocarte en algo diferente, en actividades que te resulten interesantes o placenteras, permites que tu mente se relaje y encuentre un respiro.

La aceptación

La aceptación es clave para encontrar la serenidad mental.

Se trata de reconocer y aceptar los pensamientos y emociones sin juzgarlos ni luchar contra ellos, implica aprender a aceptar tus pensamientos, emociones y circunstancias presentes, sin juzgarlos ni resistirlos, a permitir que fluyan sin aferrarte a ellos ni intentar cambiarlos.

Por ejemplo, si te encuentras preocupado por un problema que no puedes resolver en este momento, puedes decirte a ti mismo: "Acepto que este pensamiento está presente, pero no me define y puedo dejarlo ir". Al practicar la aceptación, puedes liberarte de la lucha interna y encontrar una mayor paz interior.

Aceptar lo que está fuera de tu control y enfocarte en lo que sí puedes cambiar te ayudará a encontrar una mayor paz interior.

Pensamiento opuesto

Esta estrategia consiste en identificar tus pensamientos negativos automáticos, desafiarlos y reemplazarlos por pensamientos opuestos, alternativos, positivos y más realistas.

Por ejemplo, si te encuentras pensando "no soy lo suficientemente inteligente para este trabajo", puedes reemplazarlo con el pensamiento opuesto: "tengo las habilidades y la capacidad para aprender y crecer en este trabajo".

Al entrenar tu mente para enfocarse en pensamientos positivos y constructivos, puedes contrarrestar el pensamiento excesivo y mejorar tu bienestar mental.

Regla del 20%

Esta estrategia implica reducir y limitar tus responsabilidades y compromisos, se basa en el principio de que, en la mayoría de las situaciones, el 20% de tus esfuerzos produce el 80% de los resultados.

Al establecer límites más realistas y priorizar tu bienestar, tendrás más espacio para cuidar de ti mismo y reducir la carga mental. En lugar de obsesionarte con la perfección y agotarte tratando de hacerlo todo, puedes identificar las tareas y acciones más importantes y enfocarte en ellas.

Por ejemplo, si tienes una lista de tareas abrumadora, puedes priorizar las tres tareas que realmente marcarán la diferencia y enfocar tus energías en ellas. Al simplificar y priorizar, puedes reducir la carga mental y encontrar un mayor equilibrio en tu vida.

Si bien esta estrategia puede ser aplicada por cuenta propia, es beneficioso contar con el apoyo y orientación de un profesional para implementarla de manera efectiva.

TCC - Terapia cognitivo-conductual

Es un enfoque reconocido y exitoso en psicoterapia. Su objetivo principal es identificar y modificar los patrones destructivos de pensamiento y comportamiento. A través de esta terapia, podrás trabajar junto a un terapeuta para reconocer tus patrones de pensamientos negativos y reemplazarlos por otros más positivos y realistas.

Por ejemplo, si tienes el pensamiento constante de "no soy lo suficientemente bueno/a", podría aprender a reemplazarlo por pensamientos más realistas como "tengo habilidades y cualidades únicas que me hacen valioso/a". La TCC te brinda herramientas concretas para transformar tu forma de pensar y encontrar un mayor equilibrio mental.

Esta terapia es un enfoque terapéutico ampliamente utilizado para tratar trastornos mentales y mejorar el bienestar emocional. Se enfoca en identificar y cambiar los patrones de pensamiento y comportamiento negativos, promoviendo una mayor serenidad mental.

Es más efectivo cuando se realiza con un terapeuta especializado, pero también puedes encontrar recursos y técnicas de TCC que puedes aplicar en casa.

Terapia de exposición

La terapia de exposición se utiliza principalmente en el tratamiento de los trastornos de ansiedad y consiste en exponernos gradualmente y bajo la supervisión de un terapeuta,

a las situaciones o estímulos que nos generan miedo y que desencadenen nuestra ansiedad. A través de la exposición directa a los estímulos temidos, podemos aprender a regular nuestra ansiedad y manejar el estrés de manera más efectiva.

Por ejemplo, si tienes miedo a los espacios abiertos, podrías comenzar por dar pequeños paseos al aire libre y aumentar gradualmente la duración y la distancia. Con el tiempo, te darás cuenta de que tus temores disminuyen y que puedes enfrentarte a situaciones que antes te generaban ansiedad.

Esta terapia puede ser realizada de forma autónoma en ciertos casos, pero es recomendable contar con el apoyo profesional que diseñe un plan de exposición adecuado y seguro.

Estas valiosas herramientas te brindarán diversas formas de controlar el pensamiento excesivo y cultivar la serenidad mental. Puedes experimentar con ellas y adaptarlas a tu propio proceso de crecimiento personal.

Recuerda que cada persona es única, por lo que es importante encontrar las terapias y técnicas que mejor se adapten a tus necesidades y preferencias.

Siempre que sea necesario, no dudes en buscar la ayuda de un especialista para recibir el apoyo adecuado en tu proceso hacia la serenidad mental.

Liberación a través de las palabras

Una estrategia poderosa para enfrentar el exceso de pensamiento y la ansiedad es plasmar nuestras ideas en papel y dejarlas salir al mundo. ¿Ha considerado llevar un diario? Esta práctica tiene el potencial de brindarnos una mayor claridad mental y tranquilidad al liberar nuestros pensamientos.

Escribir nuestros pensamientos en lugar de retenerlos en nuestra mente nos ofrece numerosos beneficios al permitir que fluyan a través de la escritura.

Además, nos permite organizar y priorizar nuestras ideas y preocupaciones de manera más efectiva, permitiéndonos observar nuestros pensamientos desde una perspectiva objetiva y fresca. Esto puede llevarnos a ver nuestras preocupaciones desde una nueva luz y obtener respuestas más útiles.

La escritura y el desahogo de nuestras ideas tienen múltiples ventajas. Una de ellas es que nos ayuda a reconocer patrones de pensamientos negativos y nos brinda la oportunidad de desarrollar estrategias para superarlos.

Al poner por escrito nuestros pensamientos y preocupaciones, se nos facilita identificar los habituales son recurrentes y elegir la mejor forma de abordarlos. Además, escribir nos permite procesar nuestros sentimientos de manera más racional, permitiéndonos encontrar una perspectiva más clara.

Es importante tener en cuenta que escribir nuestras ideas y liberarlas es una técnica que proporciona beneficios a corto plazo y no es una solución permanente para el exceso de pensamiento y la preocupación.

Por lo tanto, es crucial abordar nuestras dificultades de manera efectiva, aprender a relajarnos y observar los eventos que normalmente no generan estrés desde una perspectiva tranquila y práctica. Aprender a hacerlo correctamente es fundamental.

Entonces, ¿por dónde empezamos? Comienza a escribir tus ideas, preocupaciones y reflexiones en un diario o bloque de notas con el propósito de despejar tu mente y lograr mayor claridad y calma.

Al escribir nuestras ideas y darles salida, podemos concentrarnos mejor en lo que realmente importa y trabajar hacia soluciones constructivas. Además, este proceso nos permite obtener una nueva perspectiva de nuestros pensamientos, reconocer patrones de pensamiento destructivos y mejorar nuestra capacidad para manejar nuestras emociones.

El acto de escribir nuestras ideas y dejarlas fluir puede aumentar nuestra autoconciencia. A medida que escribamos nuestras ideas, reflexiones y preocupaciones, comprenderemos mejor cómo nuestros pensamientos y sentimientos influyen en nuestra vida diaria y cómo podemos manejarlos adecuadamente.

Es fundamental tener un lugar seguro y discreto donde podamos escribir y expresar nuestras opiniones sin restricciones. Esto nos ayudará a ver nuestros pensamientos desde una nueva perspectiva, reconocer patrones de pensamiento perjudiciales, mejorar nuestra capacidad para procesar nuestros sentimientos, establecer metas y objetivos, y aumentar nuestro nivel de autoconciencia.

Si tienes dificultades para controlar tus pensamientos excesivos y tu ansiedad, recuerda que escribir tus pensamientos y dejarlos ir es solo una herramienta temporal.

Sin embargo, el proceso de escribir y liberar tus pensamientos también puede ser una forma de llevar a cabo un registro de cómo has gestionado los problemas y pensamientos a lo largo del tiempo. Este registro puede ayudarte a observar tu progreso y tomar decisiones informadas sobre cómo seguir controlando el exceso de pensamiento.

Es importante realizar este ejercicio de manera constante para identificar patrones y tendencias de pensamiento, así como para buscar soluciones efectivas.

Esta estrategia puede ser útil para evitar que el exceso de pensamiento se convierta en un problema importante y mejore nuestra salud mental y emocional de manera holística.

Escribir nuestros pensamientos y dejarlos ir puede ser beneficioso no solo para las personas que experimentan ansiedad o exceso de pensamiento, sino también para cualquiera que desee mejorar su bienestar mental y emocional.

Es una herramienta eficaz para procesar sentimientos y experiencias, establecer metas y objetivos, y mantener un registro del control de nuestros pensamientos y emociones a lo largo del proceso.

Ejercicio práctico: Escribir y dejar ir
- Consigue un cuaderno y un lápiz o bolígrafo, o abre una aplicación para tomar notas en tu dispositivo móvil u ordenador.

- Tómate unos momentos para relajarte y concentrarte en tu respiración.
- Comienza a escribir sin hacer pausas ni censurarte. No intentes corregir el texto en este momento. Escribe todo lo que se te venga a la mente.
- Continúa escribiendo hasta que sientas que no tienes nada más que decir.
- Lee lo que ha escrito. ¿Observas patrones de pensamientos negativos o recurrentes?
- Toma nota de estas tendencias en una página aparte.
- Haz una lista de pensamientos pesimistas o restrictivos y, para cada uno de ellos, escribe una respuesta optimista o basada en la realidad.
- Elimina la nota destruyéndola, quemándola, tirándola, borrándola o cerrando la aplicación de notas.
- Tómate un momento para reflexionar sobre la actividad y cómo te sientes al respecto ahora que has soltado tus pensamientos.
- Repite este ejercicio cuando te sientes abrumado por tus pensamientos, también lo puedes hacer diariamente. Al escribir lo que piensas y soltarlo, tendrás una mente más clara y va a aliviar la posible presión emocional que padezcas.

El ejercicio y el equilibrio mental

El ejercicio físico desempeña un papel fundamental en el mantenimiento de nuestro equilibrio mental, al participar regularmente en actividades físicas, podemos obtener numerosos beneficios para nuestra salud mental y emocional.

No subestimes el poder que tiene el movimiento en nuestro cerebro y en nuestro estado de ánimo. Cuando nos ejercitamos, nuestro cerebro libera endorfinas, esas maravillosas sustancias químicas que nos hacen sentir bien y reducen el dolor.

Las endorfinas actúan como analgésicos naturales, y no solo eso, también pueden aliviar el estrés, la ansiedad y la depresión. Es como si nuestro cuerpo nos regalara una dosis de felicidad y tranquilidad cada vez que nos movemos.

Pero los beneficios no se detienen ahí. El ejercicio regular puede mejorar la calidad de nuestro sueño, aumentar nuestra autoestima y proporcionarnos una sensación general de satisfacción. Así que, ¿por qué no aprovechar todos estos beneficios que el ejercicio nos brinda?

La elección del tipo de ejercicio depende de sus preferencias personales. Algunos disfrutan de actividades más enérgicas como correr, nadar o practicar deportes de equipo.

Otros prefieren ejercicios más tranquilos y conscientes como el yoga o el tai chi. No importa cuál sea tu elección, lo importante es encontrar una actividad que realmente disfrutes y que te motive a moverte de forma regular.

Además del impacto químico en nuestro cerebro, el ejercicio también puede ayudarnos a equilibrar nuestra mente al brindarnos un tiempo dedicado a nosotros mismos.

Durante la práctica de ejercicio, es común que las preocupaciones y el estrés se reduzcan, ya que nos concentramos en el movimiento y en las sensaciones físicas. Es como si nuestra mente encontrara un descanso y pudiera desconectar de las tensiones diarias.

Y eso no es todo. El ejercicio físico puede servir como una forma de escape saludable. Cuando nos encontremos atrapados en pensamientos negativos o en un estado de ánimo bajo, realizar ejercicio puede ayudarnos a cambiar el enfoque y distraernos de esas emociones.

Es como si estuviéramos liberando toda esa carga mental a través del movimiento de nuestro cuerpo. Además, si optamos por realizar ejercicio en grupo, podemos fomentar la socialización.

Conectarnos con otras personas mientras nos ejercitamos fortalecemos nuestras conexiones sociales y contribuimos a mejorar nuestro bienestar emocional. El ejercicio se convierte en un espacio compartido en el que nos apoyamos esencialmente y encontramos motivación.

Para obtener los máximos beneficios del ejercicio en nuestro equilibrio mental, es recomendable establecer una rutina regular y consistente. Busca el momento del día que funcione mejor para ti y que te permita incorporar la actividad física de manera constante en tu vida.

Recuerda que no es necesario realizar actividades extenuantes para obtener beneficios mentales. Incluso pequeñas dosis de ejercicio pueden marcar una gran diferencia.

El ejercicio físico es una herramienta poderosa para mantener nuestro equilibrio mental. Al liberar endorfinas y reducir el estrés, el ejercicio puede mejorar nuestro estado de ánimo, aumentar nuestra autoestima y promover una sensación de bienestar general.

Así que te animo a incorporar el ejercicio en tu rutina diaria como una estrategia efectiva para cuidar tanto tu salud física como tu bienestar mental.

CAPÍTULO 4.

Estrategias para una vida equilibrada

Consideremos ahora una nueva perspectiva, una que nos permitirá crecer y desarrollarnos de manera más plena en nuestra vida diaria.

La autenticidad es la clave para vivir una vida plena y significativa. Ser fiel a ti mismo y vivir de acuerdo con tus valores y creencias te brinda una sensación de integridad y satisfacción.

Conócete a ti mismo y acéptate tal como eres, con todas tus fortalezas y debilidades. Al abrazar tu autenticidad, te permites florecer y brillar de una manera única.

El crecimiento personal implica estar abierto al cambio y al aprendizaje continuo. El mundo está en constante evolución, y tú también debes evolucionar para adaptarte y crecer.

Cultiva una mentalidad de crecimiento, donde veas los desafíos como oportunidades de aprendizaje y desarrollo. Nunca dejes de buscar nuevas formas de expandir tu conocimiento y habilidades.

La gratitud es un poderoso motor de felicidad y bienestar. Practicar la gratitud diariamente te ayuda a enfocarte en lo positivo y apreciar las bendiciones de tu vida.

Tómate el tiempo para reflexionar sobre las cosas por las que estás agradecido, ya sean grandes o pequeñas. La gratitud te conecta con la abundancia que te rodea y te llena de alegría y satisfacción.

La resiliencia es una habilidad esencial para superar los desafíos y adversidades de la vida. Aprender a adaptarte y recuperarse de las dificultades te permite enfrentar los obstáculos con valentía y determinación. Cultiva la resiliencia desarrollando una mentalidad optimista, buscando el apoyo de otras personas y cuidando tu bienestar físico y emocional.

El propósito es lo que da significado y dirección a tu vida. Descubrir tu propósito te ayuda a establecer metas claras y enfocarte en lo que realmente importa.

Pregúntate a ti mismo qué es lo que te apasiona y cómo puedes utilizar tus talentos y habilidades para hacer una diferencia en el mundo. Encuentra tu propósito y trabaja hacia él con pasión y dedicación.

La conexión con los demás es fundamental para nuestro bienestar emocional y social. Cultiva relaciones significativas y genuinas, donde puedas ser auténtico y recibir apoyo mutuo.

Dedica tiempo a estar presente con tus seres queridos, escucha activamente y muestra empatía. Las conexiones humanas nos nutren y nos dan un sentido de pertenencia y amor.

Enfócate en el presente y practica la atención plena en tu vida diaria. El pasado ya ha pasado y el futuro aún no ha llegado. El único momento real es ahora.

Aprende a saborear cada experiencia, por pequeña que sea, y estar plenamente presente en el momento presente. La atención plena te ayuda a encontrar la calma interior y disfrutar de la belleza de la vida.

Pregúntate a ti mismo cómo puedes aplicar estos principios a tu propia vida, y cómo vivir de una manera más auténtica, significativa y plena.

Eres el autor de tu propia historia. Tienes el poder de crear la vida que deseas y mereces. Abraza tu autenticidad, cultiva el crecimiento personal, practica la gratitud, desarrolla resiliencia, encuentra tu propósito, conecta con los demás y vive plenamente en el presente.

Implementando estrategias

Intentemos ahora implementar algunas estrategias en nuestra rutina diaria, algunos métodos y enfoques que nos van a ayudar de muchas formas, sobre todo para aliviarnos del tormentoso ir y venir de los pensamientos recurrentes.

¿Sabías que la clave para una vida más plena y significativa está en estar presente en cada momento? La atención plena, o *mindfulness*, puede ser una herramienta útil para dejar de pensar de forma repetitiva y lograr tener una mente más calmada y equilibrada.

A continuación te presento algunos ejemplos sencillos de la vida cotidiana en los que la atención plena puede ayudarte a controlar pensamientos repetitivos y encontrar calma.

Imagina que tienes una presentación importante en el trabajo y te sientes abrumado por el estrés. Al practicar la meditación y la atención plena, puedes tomar un momento para sentarte en silencio, cerrar los ojos y enfocar tu atención en tu respiración.

A medida que te concentras en tu respiración, te das cuenta de los pensamientos estresantes que surgen en tu mente. En lugar de engancharte en ellos, los observas como nubes que pasan y vuelves suavemente tu atención a la sensación de la respiración. Esto te permite desapegarte de los pensamientos estresantes y encontrar calma en el momento presente.

Muchas personas experimentan pensamientos repetitivos y preocupaciones antes de acostarse, lo que dificulta conciliar el sueño. Practicar la atención plena antes de dormir puede ser útil en este caso.

Puedes dedicar unos minutos a sentarte o acostarte en silencio, enfocándote en tu respiración y dejando que los pensamientos vengan y se vayan sin engancharte en ellos.

Al dirigir tu atención al presente y permitir que fluyan los pensamientos, puedes liberarte de las sospechas persistentes y prepararte para un sueño tranquilo.

A veces, puedes encontrarte en situaciones sociales adversas que desencadenan pensamientos repetitivos y ansiedad. La atención plena puede ayudarte a manejar estas situaciones.

Antes de ingresar a un evento social o una reunión, puedes tomar un momento para centrarte en tu respiración y sintonizar tus sensaciones físicas.

A medida que interactúas con los demás, practica la escucha plena, prestando atención completa a lo que dicen y cómo te sientes en ese momento.

Si surgen pensamientos repetitivos o críticos sobre ti mismo, simplemente obsérvalos sin juzgar y redirigir tu atención al momento presente ya la interacción en curso.

Estos son solo algunos ejemplos de cómo la meditación y la atención plena pueden ayudarte a controlar los pensamientos repetitivos y cultivar la calma mental en situaciones cotidianas.

Al practicar periódicamente la meditación y la atención plena, fortalecerás tu capacidad para observar tus pensamientos sin ser arrastrado por ellos, lo que te permitirá tener una mente más tranquila y equilibrada en tu vida diaria.

A veces, los pensamientos negativos o estresantes pueden abrumarnos. Pero aquí viene una estrategia interesante: ¡la distracción consciente! En lugar de luchar contra esos pensamientos, puedes elegir conscientemente distraerte de ellos.

La Distracción Consciente, también conocida como desplazamiento de atención consciente, es una técnica que puedes utilizar para interrumpir patrones de pensamientos repetitivos y redirigir tu atención hacia algo más presente y tranquilo.

En lugar de intentar suprimir o detener directamente los pensamientos repetitivos, la Distracción Consciente te invita a cambiar conscientemente tu enfoque hacia algo más neutral o positivo.

La Distracción Consciente te brinda una estrategia efectiva para interrumpir los pensamientos repetitivos y encontrar calma mental.

Al practicarla de manera regular, puedes entrenar tu mente para cambiar conscientemente su enfoque y liberarte de los patrones mentales negativos o preocupantes que te atrapan.

Por ejemplo, cuando te encuentres atrapado en una espiral de preocupación, puedes elegir leer un libro inspirador, escuchar tu música favorita o dar un paseo en la naturaleza. Estas actividades te ayudarán a desviar tu atención hacia algo positivo y reconfortante.

A continuación te doy otros ejemplos sencillos de la vida cotidiana, en los que la Distracción Consciente puede ayudarte a controlar los pensamientos repetitivos y lograr una mayor calma mental.

Cuando te encuentres atrapado en un ciclo de pensamientos repetitivos, puedes practicar la distracción consciente al enfocarte en tu respiración. Tómate un momento para respirar profundamente y prestar atención a las sensaciones físicas de la inhalación y la exhalación.

Con cada respiración consciente, te desplazas de los pensamientos repetitivos hacia la experiencia presente de tu respiración, lo que puede ayudarte a calmar tu mente.

Otra forma de distraerte conscientemente de los pensamientos repetitivos es enfocarte en tus sentidos. Puedes elegir un sentido específico, como la vista o el oído, y prestar atención a lo que ves u oyes en el entorno inmediato.

Observa los colores, las formas, los sonidos o cualquier otro detalle que capte tu atención. Al dirigir tu enfoque hacia los estímulos sensoriales presentes, disminuyes la atención a los pensamientos recurrentes.

Cuando te encuentres atrapado en pensamientos repetitivos negativos o preocupantes, puedes practicar la distracción consciente cultivando la gratitud.

Toma un momento para reflexionar sobre las cosas por las que te sientes agradecido en tu vida. Puedes enumerar mentalmente o por escrito las cosas positivas que tienes, como las relaciones, los logros o las experiencias gratificantes.

Al desplazar tu atención hacia la gratitud, cambias la energía de tus pensamientos y creas una sensación de calma y aprecio.

Realizar una actividad física consciente, como dar un paseo, hacer estiramientos o practicar yoga, puede ayudarte a distraerte de los pensamientos repetitivos y conectar con tu cuerpo.

Mientras te dedicas a la actividad, pon atención a las sensaciones físicas, el movimiento y la respiración. Esto te ayudará a desplazar tu atención hacia el presente y alejarte de los patrones de pensamientos recurrentes.

Hablemos ahora de otra técnica que nos puede ayudar a silenciar los pensamientos repetitivos: Los anclajes positivos. ¿Sabías que puedes asociar sensaciones positivas a objetos o actividades específicas?

Por ejemplo, si quieres recordar sentimientos de alegría, puedes elegir escuchar una canción alegre que te haga sonreír, o si buscas serenidad, puedes crear un rincón en tu hogar con elementos relajantes como velas aromáticas o una planta.

Estos anclajes positivos consisten en asociar conscientemente un estímulo o una experiencia con emociones positivas o estados mentales calmantes, es decir, actúan como recuerdos de emociones positivas y te ayudan a recuperar tu equilibrio emocional en momentos de estrés.

Visto de esta forma, los anclajes positivos se pueden considerar como efectivas herramientas para interrumpir los patrones de pensamiento repetitivo y fomentar una mentalidad más tranquila y positiva.

Al practicar la atención plena con anclajes positivos, puedes redirigir tu atención hacia ellos y cultivar una mayor calma mental.

Aquí tienes algunos ejemplos sencillos de la vida cotidiana en los que los anclajes positivos pueden ayudarte a controlar los pensamientos repetitivos y tener una mente en calma:

Si te encuentras atrapado en un ciclo de pensamientos repetitivos, puedes crear un anclaje positivo asociando una canción o melodía relajante con una sensación de calma. Puedes tomar un momento para cerrar los ojos, respirar profundamente y escuchar la música con atención plena.

Con el tiempo y la práctica, cuando te enfrentes a pensamientos repetitivos, puedes recordar la música relajante y utilizarla como un anclaje para traer calma a tu mente.

La naturaleza puede ser un poderoso anclaje positivo para calmar la mente. Si te encuentras atrapado en pensamientos repetitivos, puedes practicar la atención plena al salir al aire libre y conectar con la naturaleza.

Observa los árboles, las plantas, los colores y las texturas que te rodean. Toma conciencia de las sensaciones físicas, como la brisa en tu piel o el sonido de los pájaros. Al hacerlo, permite que la belleza y la serenidad de la naturaleza se conviertan en un anclaje positivo para desviar tu atención de los pensamientos repetitivos.

Otra forma de utilizar anclajes positivos es recordar momentos o experiencias felices de tu vida. Puedes traer a tu mente un recuerdo específico en el que te hayas sentido feliz, realizado o en paz.

Enfócate en los detalles de ese recuerdo y sumérgete en las emociones positivas asociadas. Al recordar y revivir estas experiencias positivas, puedes cambiar conscientemente tu estado mental y alejarte de los pensamientos repetitivos.

Cultivar la gratitud es otro anclaje positivo que puedes utilizar para calmar la mente. Puedes practicar la atención plena al tomar un momento para enumerar mentalmente o por escrito las cosas por las que te sientes agradecido en tu vida.

Al enfocarte en las bendiciones y las cosas positivas que tienes, cambias tu perspectiva y desplazas tu atención hacia estados mentales más positivos y calmados.

Al practicar la atención plena con anclajes positivos, puedes interrumpir los patrones de pensamiento repetitivo y encontrar calma en tu vida cotidiana.

Recuerda que la clave está en la práctica regular y consciente para fortalecer tus anclajes positivos y permitir que te guíen hacia una mente más tranquila y equilibrada.

Una última técnica, pero no menos importante al momento de silenciar pensamientos repetitivos, es el tratamiento de exposición, una técnica utilizada en terapia cognitivo-conductual, para enfrentar y reducir la intensidad de los pensamientos repetitivos o intrusivos.

A veces, enfrentar tus miedos de manera gradual puede ayudarte a superarlos. En lugar de evitar o suprimir los pensamientos intrusivos, una exposición gradual y controlada a ellos va a disminuir su poder y vas a aprender a manejarlos de manera más efectiva.

Por ejemplo, si tienes miedo a hablar en público, puedes empezar practicando frente a un espejo, luego con un amigo cercano y finalmente en un entorno más desafiante.

Esta técnica te permite desensibilizarte gradualmente y ganar confianza en ti mismo. Recuerda, dar pequeños pasos valientes puede llevar a cabo grandes avances en tu crecimiento personal.

La atención plena puede ser una herramienta complementaria en este proceso al ayudarte a mantener la calma y la aceptación mientras te enfrentas a los pensamientos recurrentes.

Imagina que tienes un pensamiento repetitivo relacionado con la seguridad, este pensamiento te invade y te causa ansiedad, como la preocupación constante de que algo malo le puede suceder a un ser querido. Para abordar esto, podrías implementar un ejercicio gradual y controlado.

Toma conciencia del pensamiento repetitivo. Reconoce y etiqueta el pensamiento intrusivo cuando aparece en tu mente. Por ejemplo, puedes decirte a ti mismo pensamiento: "Ahí está esa preocupación por la seguridad otra vez".

Practica la atención plena. En lugar de engancharte en el contenido del pensamiento o luchar contra él, utiliza la atención plena para observarlo sin juzgarlo.

Siéntate en un lugar tranquilo, enfócate en tu respiración y observa cómo el pensamiento aparece y desaparece en tu mente, como una nube flotando en el cielo.

Exposición gradual. Una vez que te sientas cómodo practicando la atención plena con el pensamiento repetitivo presente, puedes pasar a la siguiente etapa, que implica exponerte conscientemente al contenido del pensamiento.

Por ejemplo, puedes visualizar una situación específica que te causa preocupación, como tu ser querido al enfrentarse a un peligro potencial.

Mantén la atención plena durante el pensamiento: Mientras te expones gradualmente a la exposición, mantén tu atención plena en el momento presente. Observa tus reacciones emocionales y físicas sin juzgarlas.

A medida que practiques la atención plena durante la exposición, comenzarás a notar que la intensidad del pensamiento repetitivo disminuye con el tiempo.

Es importante destacar que el tratamiento de exposición es más efectivo cuando es guiado por un profesional de la salud mental capacitado.

Si experimentas pensamientos repetitivos o intrusivos que disminuyen negativamente tu bienestar, te recomiendo buscar el apoyo de un terapeuta para recibir una evaluación adecuada y un tratamiento personalizado.

Todas estas estrategias son simples, pero poderosas. Te invito a integrarlas en tu vida cotidiana y experimentar los cambios positivos que pueden generar.

Recuerda, el camino hacia una vida plena y satisfactoria comienza con pequeñas acciones conscientes.

Diseñando un camino personalizado

Enfrentarse a pensamientos recurrentes puede ser agotador y frustrante, pero existe una forma de recuperar el control y calmar la mente.

Diseñar un camino personalizado, adaptado a tus necesidades y preferencias, para calmar la mente y dejar de perder el tiempo con pensamientos recurrentes, te permitirá desarrollar estrategias efectivas para mejorar tu bienestar emocional.

Este enfoque individualizado requiere que sigamos unos pasos fundamentales, para diseñar nuestro propio camino y lograr una mente más tranquila y en calma.

Autoconocimiento. El primer paso para abordar los pensamientos recurrentes es reconocer los patrones que se repiten en tu mente.

Tómate un tiempo para reflexionar sobre tus patrones de pensamiento recurrentes y cómo te suceden. Identifica los temas o situaciones que tienden a desencadenar esos pensamientos.

Esto te ayudará a comprender mejor cómo funcionan tus pensamientos, qué desencadena su repetición y a establecer objetivos claros.

Si sufres de pensamientos excesivos, es importante comprender y abordar esta experiencia para mantener una buena salud mental.

Estas son preguntas que pueden ayudarte a explorar y comprender mejor tus pensamientos excesivos, no te limites a ellas, hay muchas otras que te puedes cuestionar para autoconocerte:

- ¿Con qué frecuencia experimenta pensamientos recurrentes o intrusivos que no puede controlar?
- ¿Tus pensamientos excesivos te causan ansiedad, estrés o malestar emocional?

- ¿Tienes dificultades para concentrarte o realizar tareas debido a tus pensamientos excesivos?
- ¿Sientes que tus pensamientos excesivos te impiden disfrutar del presente o vivir el momento?
- ¿Tus pensamientos excesivos están relacionados con consideraciones específicas, como el trabajo, las relaciones personales o la salud?
- ¿Has notado algún patrón en tus pensamientos excesivos, como pensar siempre en lo peor o anticipar problemas constantemente?
- ¿Tienes rituales o comportamientos repetitivos que intentas realizar para calmar tus pensamientos excesivos?
- ¿Has buscado ayuda profesional, como un terapeuta o psicólogo, para abordar tus pensamientos excesivos?
- ¿Has notado alguna conexión entre tus pensamientos excesivos y situaciones de estrés en tu vida?
- ¿Qué estrategias ha intentado hasta ahora para manejar tus pensamientos excesivos y adecuados han sido los resultados?

Establece metas realistas. Define metas específicas y alcanzables, realistas, para calmar tu mente y reducir los pensamientos recurrentes. Estos objetivos deben ser específicos y medibles.

Por ejemplo, puedes proponerte meditar durante 10 minutos al día o practicar la atención plena durante ciertos momentos clave. Establecer metas realistas te ayudará a mantenerte motivado y a medir tu progreso.

Utilizar estrategias. Identifica estrategias efectivas que te ayudarán a enfrentar los pensamientos recurrentes. Puedes probar diferentes técnicas, como la meditación, la respiración consciente, el replanteamiento cognitivo o la escritura terapéutica.

Encuentra las estrategias que funcionan mejor para ti y úsalas como herramientas para calmar tu mente en momentos de exceso de pensamiento.

Practica la atención plena. La atención plena es una herramienta poderosa para calmar la mente y reducir los pensamientos recurrentes.

Dedica tiempo cada día para practicar la atención plena, ya sea a través de la meditación, la observación consciente o simplemente prestando atención plena a tus actividades diarias. Esto te ayudará a estar presente en el momento presente ya dejar de lado los pensamientos que no te sirven.

Identifica y desafía tus creencias limitantes. Los pensamientos recurrentes a menudo están vinculados a creencias limitantes o negativas sobre uno mismo y el mundo.

Identifica esas creencias y cuestiona su validez. Busca evidencia que las contradigan y reemplázalas por pensamientos más realistas y positivos.

Encuentra actividades que te calmen. Descubre qué actividades te ayudan a calmar la mente y reducir los pensamientos recurrentes.

Puede ser caminar al aire libre, practicar yoga, pintar, leer o cualquier otra actividad que te brinde paz y tranquilidad. Haz espacio en tu rutina diaria para dedicar tiempo a estas actividades y priorizarlas.

Establece límites tecnológicos. El exceso de tiempo en dispositivos electrónicos puede aumentar los pensamientos recurrentes.

Establece límites saludables para el uso de la tecnología, como apagar los dispositivos antes de acostar o asignar momentos específicos del día para revisar tus mensajes o redes sociales. Esto te ayudará a liberar tu mente de distracciones y encontrar un mayor equilibrio.

No intentes manejarlo todo tú solo: Recuerda que no tienes que enfrentar los pensamientos recurrentes por ti mismo. Busca apoyo en tu familia, amigos o profesionales de la salud mental.

Si sientes que los pensamientos recurrentes están mejorando significativamente tu bienestar emocional y tu calidad de vida, considera buscar apoyo profesional.

Un terapeuta o consejero puede brindarte herramientas adicionales y guía para lidiar con los pensamientos recurrentes de manera efectiva.

Revisar y evaluar periódicamente los progresos realizados: Es importante revisar y evaluar periódicamente los avances que ha logrado en tu camino para calmar la mente.

Observa cómo han mejorado tus habilidades para manejar los pensamientos recurrentes y evalúa si tus estrategias están siendo efectivas. Realizar ajustes y adaptaciones según sea necesario te ayudará a mantener un progreso constante.

Compartir tus desafíos y experiencias con personas de confianza puede brindarte una nueva perspectiva y apoyo emocional.

Seguir un plan de acción planificado. El seguimiento de un plan de acción bien estructurado ha demostrado ser eficaz para reducir el exceso de pensamientos.

Elaborar un plan de acción detallado y realista es uno de los factores más importantes para determinar el éxito en la reducción de los pensamientos recurrentes.

Diseñar un camino personalizado para calmar la mente y dejar de perder el tiempo con pensamientos recurrentes requiere tiempo, paciencia y autodescubrimiento.

Las personas que tienen un plan tienen más probabilidad de ser constantes al adoptar tácticas para reducir el pensamiento excesivo.

Al reconocer los patrones, establecer metas claras, utilizar estrategias efectivas y buscar apoyo, puedes lograr una mente más tranquila y en calma.

Recuerda que cada persona es única, por lo que es importante encontrar las estrategias y técnicas que funcionan mejor para ti.

Sé amable contigo mismo durante este proceso y celebra cada pequeño avance hacia una mente más tranquila y libre de pensamientos recurrentes.

El compromiso con el cambio mental positivo

Enfrentemos juntos el desafío de optar por un cambio mental positivo. Este compromiso nos invita a dedicar nuestros pensamientos a transformar los patrones negativos o limitantes en pensamientos más constructivos y optimistas.

A través de una postura proactiva y consciente, podemos desarrollar una mentalidad resiliente, empoderada y llena de esperanza. Aquí te presento algunas pautas para que te comprometas plenamente con este cambio mental positivo:

Autoconciencia: El primer paso en el camino hacia el cambio mental positivo es tomar conciencia de nuestros patrones de pensamiento actuales. Dedica tiempo a observar tus pensamientos y cómo te emerge emocionalmente. Identifica esos patrones negativos o autocríticos que parecen repetirse en tu mente una y otra vez.

Desafío de los pensamientos negativos: Una vez que hayas identificado estos patrones de pensamientos negativos, es hora de desafiarlos. Cuestiona su veracidad y vigencia. Pregúntate si hay pruebas reales que respalden esos pensamientos o si estás interpretando las situaciones de manera distorsionada. Sustituye esos pensamientos negativos por afirmaciones positivas y realistas que te impulsan hacia adelante.

Práctica de gratitud: Cultivar la gratitud es una herramienta poderosa para cambiar hacia una mentalidad más positiva. Dedica un tiempo diario para reconocer y agradecer las cosas buenas en tu vida, sin importar cuán pequeñas sean. Este ejercicio te ayudará a cambiar el enfoque de los aspectos negativos hacia los positivos ya desarrollar una perspectiva más optimista en general.

Enfócate en el autocuidado: El cuidado de uno mismo, tanto física como emocionalmente, es esencial para fomentar un cambio mental positivo. Prioriza actividades que te brinden alegría y bienestar, como hacer ejercicio periódico, descansar adecuadamente, alimentarte de manera saludable y participar en actividades que te relajen y rejuvenezcan.

Aprendizaje y crecimiento: Comprométete a aprender y crecer de forma continua. Busca oportunidades de desarrollo personal, ya sea a través de la lectura, la participación en cursos o talleres, o el aprendizaje de nuevas habilidades. Estimular tu mente y adquirir nuevos conocimientos te ayudarán a ampliar tu perspectiva y generar un cambio positivo en tu mentalidad.

Persistencia y paciencia: Cambiar patrones de pensamientos negativos arraigados requiere tiempo y esfuerzo. Mantén una actitud de persistencia y paciencia contigo mismo. Reconoce que el cambio mental positivo es un proceso gradual y que cada pequeño paso que des cuenta. Celebra tus logros y no te desanimes por los contratiempos que puedas encontrar en el camino.

El cambio mental positivo exige un compromiso constante y consciente. Al practicar estas pautas de manera regular y consistente, experimentarás una transformación gradual en tu mentalidad.

Te sorprenderás de cómo tu bienestar emocional se fortalece y cómo desarrollas una mayor resiliencia para enfrentar los desafíos de la vida.

Este compromiso con el cambio mental positivo puede convertirse en un faro de esperanza y en un motor de crecimiento y felicidad en tu vida.

CAPÍTULO 5.

Caminar al bienestar y la plenitud

Reconocer patrones negativos y promover el cambio es el primer paso hacia la liberación mental, es ser consciente de los patrones negativos de pensamiento y comportamiento que nos perjudican.

Pero este es sólo el principio de un largo camino compuesto por variadas alternativas, que si estamos dispuestos a caminar, nos dará grandes satisfacciones y mucha paz mental, veamos pues qué aspectos pueden formar parte de este camino.

Cultivar la atención plena y la meditación: La atención plena y la meditación son prácticas poderosas para calmar la mente y estar plenamente presentes en el momento, al incorporarlas en nuestra rutina diaria podremos experimentar los beneficios de una mente más tranquila y clara.

Establecer anclajes positivos: Crear anclajes positivos nos ayuda a conectarnos con emociones y sensaciones positivas. Al utilizar estos anclajes podremos cambiar nuestro estado mental y fomentar una mayor satisfacción y bienestar.

Elaborar un plan de acción con pasos diarios: Un plan de acción concreto nos brinda la estructura necesaria para implementar cambios positivos en nuestra vida diaria. Diseñar un plan que incluya actividades que nos gusten, la escritura en un diario y la participación regular en actividades físicas, entre otras, será un gran paso hacia nuestra serenidad y tranquilidad mental.

Rodearnos de personas optimistas y alentadoras: Nuestro entorno social influye en nuestra salud mental. Es de gran importancia rodearnos de personas optimistas y alentadoras, ya que nos apoyarán en nuestro crecimiento personal y nos ayudarán a superar las dificultades.

Mantener relaciones sanas y construir una red de apoyo: Las relaciones saludables y una red de apoyo nos garantizan un sentido de pertenencia y apoyo emocional. Mantener relaciones sanas y construir una red de personas valiosas en nuestra vida es fundamental para avanzar en nuestro camino hacia la calma de nuestra mente.

Buscar ayuda profesional cuando sea necesario: Si experimentamos síntomas persistentes de ansiedad, tristeza o estrés, es importante buscar la ayuda de un experto capacitado. Reconocer cuándo necesitamos apoyo adicional es un paso valioso hacia el cuidado de nuestra salud mental.

Explorar diferentes enfoques y técnicas: Cada persona es única, por lo que es importante probar diferentes enfoques y técnicas para encontrar las que funcionan mejor para nosotros. Hay una gran variedad de métodos, desde la meditación hasta la reconstrucción de pensamientos negativos, luego de probarlos y decidir cuál nos va mejor, los podemos adaptar a nuestras necesidades específicas.

Cultivar la paciencia y la perseverancia: El proceso de liberación mental requiere tiempo y dedicación. Aprendamos a cultivar la paciencia y la perseverancia necesarias para superar obstáculos y mantenernos comprometidos con nuestro crecimiento personal.

Disfrutar del viaje hacia el bienestar y el crecimiento personal: La liberación mental es un viaje personal y gratificante. A medida que nos sumergimos en nuestro proceso de autoconocimiento, recordemos disfrutar de cada paso y celebrar nuestros logros en el camino hacia una mente más libre y un mayor bienestar.

La liberación mental es un camino que nos permite alcanzar una vida más equilibrada y significativa. Mediante la aplicación de estas estrategias, podremos experimentar una transformación positiva en nuestra salud mental y emocional.

Recordemos que el autodescubrimiento y el crecimiento personal son procesos continuos, y con dedicación y compromiso, podemos lograr una mente liberada y un bienestar duradero.

El viaje hacia una mente más tranquila

Siguiendo nuestro viaje hacia una mente más tranquila, veamos ahora qué caminos nos pueden conducir hacia la paz interior. Cada una de estas vías podrán acercarnos cada vez más a nuestra tan ansiada paz mental, veamos de qué tratan y cómo nos benefician.

Cultivar la autocompasión. En nuestro afán por mejorar, a menudo somos demasiado duros con nosotros mismos. Aprendamos a tratarnos con amabilidad y comprensión, reconociendo que todos cometemos errores y que está bien no ser perfecto.

Permítete ser humano y perdonarte a ti mismo por tus fallas. La autocompasión nos brinda la fortaleza y la paz necesaria para superar los desafíos y crecer en nuestro camino hacia la tranquilidad mental.

Librarnos de la comparación. La comparación constante con los demás puede generar un pensamiento excesivo y desequilibrado. Recuerda que cada persona tiene su propio camino y que todos somos únicos.

En lugar de compararte con los demás, concéntrate en tu propio crecimiento y desarrollo. Celebra tus logros y reconoce tus fortalezas propias. Al hacerlo, construirás una autoestima sólida y encontrarás satisfacción en tu propio progreso.

Practicar la gratitud. La gratitud es una herramienta poderosa que nos ayuda a cambiar nuestra perspectiva y encontrar alegría en las pequeñas cosas de la vida.

Cultiva el hábito de agradecer por lo que tienes, por las personas que te rodean y por las experiencias que te han moldeado. Al enfocarte en lo positivo, vas a disminuir el pensamiento excesivo y crearás un ambiente mental más armonioso y reconfortante.

Conectar con la naturaleza. La naturaleza nos brinda una fuente inagotable de paz y tranquilidad. Dedica tiempo para estar al aire libre, respirar el aire fresco y conectar con el entorno natural.

Observa la belleza que te rodea, escucha los sonidos de la naturaleza y permite que su serenidad te envuelva. Esta conexión con la naturaleza te ayudará a despejar tu mente y encontrar el equilibrio en medio del bullicio cotidiano.

Nutrir el bienestar emocional. Es esencial cuidar de nuestra salud emocional para mantener una mente tranquila. Permítete expresar tus emociones de manera saludable, ya sea a través de la escritura, la música, el arte o el hablar con alguien de confianza.

Además, busca actividades que te brinden alegría y satisfacción, como practicar un hobby o pasar tiempo con seres queridos. Al priorizar tu bienestar emocional, fortalecerás tu resiliencia frente al pensamiento excesivo.

Aprender a soltar el control. A veces, el pensamiento excesivo surge de nuestro afán por controlar cada aspecto de nuestra vida.

Acepta que hay cosas que escapan a nuestro control y que está bien dejar que las circunstancias sigan su curso natural. Confía en ti mismo y en el proceso de la vida. Al soltar el control, encontrarás mayor tranquilidad y fluidez en tus pensamientos.

Este viaje hacia una mente más tranquila está lleno de oportunidades para el crecimiento y la autotransformación. Cada pequeño paso cuenta y merecemos experimentar la calma y la paz interior.

El poder del presente

El poder del presente se refiere a la capacidad de vivir plenamente en el momento presente y aprovechar todas las oportunidades y experiencias que nos brinda.

Consiste en estar conscientes y presentes en el aquí y el ahora, en lugar de quedarnos atrapados en el pasado o preocupados por el futuro.

Cuando nos enfocamos en el presente, podemos experimentar una sensación de calma y claridad mental. Nos permite disfrutar de las pequeñas cosas de la vida y estar más conectados con nosotros mismos y con nuestro entorno.

Al estar presentes, somos capaces de apreciar y saborear cada momento, sin dejar que los pensamientos y preocupaciones nos distraigan. El poder del presente también nos ayuda a tomar decisiones más informadas y conscientes.

Al estar totalmente presentes en nuestras interacciones y actividades, podemos prestar atención a los detalles ya las señales que nos ofrece el entorno. Esto nos permite tomar decisiones más acertadas y alineadas con nuestras necesidades y valores.

Además, vivir en el presente nos libera del peso del pasado y de la ansiedad por el futuro. Nos ayuda a soltar las preocupaciones y arrepentimientos pasados, así como las expectativas y miedos futuros.

Nos permite enfocarnos en lo que podemos controlar en el momento presente y aceptar lo que no podemos cambiar. Practicar el poder del presente requiere de entrenamiento y disciplina.

¿Sabías que practicar ciertas técnicas pueden ayudarnos a desarrollar esta habilidad de vivir en el presente? Al ejercitar el poder del presente, podemos experimentar una mayor satisfacción y plenitud en nuestras vidas.

Nos ayuda a liberarnos del estrés, la ansiedad y el agotamiento mental causados por vivir constantemente en el pasado o en el futuro. Nos permite disfrutar de cada momento y estar más conectado con nosotros mismos y con los demás.

Entre las técnicas que nos pueden ayudar está la práctica de la atención plena o *mindfulness*, la meditación, la respiración consciente y el enfoque en nuestros sentidos y sensaciones presentes.

Un estudio reciente encontró que estrategias como la meditación y la atención plena pueden disminuir en un 50% los síntomas de estrés, ansiedad y pensamientos recurrentes.

Déjame contarte la historia de Lucía, quien luchó durante mucho tiempo con pensamientos obsesivos. Comenzó a meditar y a trabajar con un terapeuta para cambiar sus patrones de pensamiento destructivos.

Al principio, no notó mucha mejoría, pero después de meses de práctica constante, sus pensamientos obsesivos disminuyeron con gran notoriedad.

Aunque es normal que a veces esos pensamientos regresen, con el tiempo aprenderás a manejarlos de manera más efectiva.

Es importante recordar que no existen soluciones rápidas y sencillas para superar el pensamiento excesivo. Es necesario comprometerse con una estrategia a largo plazo que incluya técnicas para controlar los pensamientos, identificar desencadenantes y desarrollar habilidades de afrontamiento.

La terapia cognitivo - conductual es una de las herramientas más efectivas en este sentido, ya que ha demostrado ser tan efectiva como la medicación para tratar la depresión. Estas son herramientas poderosas que pueden marcar la diferencia en tu vida.

La terapia, la meditación y la atención plena son prácticas beneficiosas para mantener la concentración a largo plazo. Todas han demostrado reducir la ansiedad y la desesperación, y ayudan a entrenar la atención y la concentración.

No olvides que el cuidado de tu salud física también es fundamental para mantener la concentración a largo plazo. El ejercicio regular ha demostrado reducir la preocupación y la tensión, y mejora el estado de ánimo.

El poder del presente radica en mantener la atención a largo plazo y evitar el pensamiento excesivo. No es necesario controlar todos tus pensamientos.

Acepta que son pasajeros y no los juzgues. Con práctica y dedicación, podrás mantener la atención a largo plazo y evitar el exceso. No te desanimes y mantén la constancia.

Para vivir en el presente, el aquí y el ahora, te quiero regalar una lista de acciones que me han servido a lo largo de mi vida, y han sido de gran valor para alejar de mi mente los pensamientos reiterativos, controlar mi mente y los múltiples episodios de estrés que he sufrido, espero que sean de tu agrado y de valiosa ayuda.

Vivir en el presente puede ser transformador para nuestra vida. Hay varios aspectos que nos ayudarán a aprovechar al máximo el poder del presente.

Desde mantener una actitud positiva y orientada al crecimiento hasta aprender a decir "no", cada tema nos brinda herramientas prácticas para disfrutar de una vida plena y productiva.

Mantener una actitud alegre y orientada al y una mentalidad positiva: Una actitud positiva y una mentalidad orientada al crecimiento nos permiten enfrentar los desafíos con optimismo y aprender de cada experiencia. Cultivar esta actitud influye positivamente en nuestro bienestar general.

Aprender a decir "no": Decir "no" de manera asertiva es fundamental para establecer límites y priorizar nuestras necesidades. Es de suma importancia establecer límites saludables y saberlos comunicar de manera respetuosa.

Dominar la capacidad de concentración y autocontrol evitando pensar demasiado en las situaciones: El exceso de pensamiento puede distraernos y limitar nuestro enfoque en el presente. Hay varias estrategias prácticas que nos permiten dominar la concentración y el autocontrol, permitiéndonos estar muy presentes en cada momento.

Mantener la concentración evitando el pensamiento excesivo: La concentración en una tarea es esencial para lograr resultados satisfactorios, siempre debemos estar atentos a la aparición de pensamientos intrusivos, para evitarlos y mejorar nuestra capacidad de concentración en las tareas que realizamos.

Estrategia a largo plazo para reducir las cavilaciones necesarias: Las cavilaciones necesarias pueden agotar nuestra energía y obstaculizar nuestro crecimiento personal. En todo caso, es conveniente crear una estrategia a largo plazo para reducir estas cavilaciones y enfocarnos en lo que realmente importa.

Evitar especular sobre lo que ocurrirá en el futuro: La especulación excesiva sobre el futuro puede generar ansiedad y distraernos del presente. Evitemos esta especulación y aprendamos a confiar en nuestro proceso personal.

Evitar las distracciones: Las distracciones constantes pueden dificultar nuestro enfoque en el presente. Evitemos las distracciones y vamos a mantenernos concentrados en nuestras actividades diarias.

Elaborar un horario diario que incluya horas fijas para cada actividad y responsabilidad: Un horario bien estructurado nos brinda un marco para organizar nuestras actividades de manera eficiente. Aprenderemos cómo elaborar un horario diario que nos permita priorizar nuestras responsabilidades y encontrar un equilibrio adecuado.

Tener una lista de tareas y priorizar las más importantes: La gestión efectiva de nuestras tareas nos ayuda a evitar la procrastinación y maximizar nuestra productividad. Practicar técnicas para crear listas de tareas y priorizar las más importantes, nos permitirá avanzar hacia nuestros objetivos de manera más efectiva.

Apagar todos los dispositivos electrónicos: La tecnología puede ser una distracción constante en nuestras vidas. Vamos a desconectar nuestros dispositivos electrónicos en determinados momentos y comencemos a disfrutar los momentos de paz y quietud.

Fijar metas para mantener la motivación y asegurarnos de que cumplimos nuestros objetivos: Establecer metas claras y alcanzables nos proporciona dirección y nos impulsa a seguir adelante.

Para alcanzar los objetivos, es necesario mantener la concentración en ellos: La concentración sostenida en nuestros objetivos nos permite avanzar de manera constante. Vamos a mantener nuestra atención y energía enfocadas en la consecución de nuestros objetivos.

Hacer planes para realizar actividades que nos producirán alegría durante nuestro tiempo libre: El tiempo libre es un momento valioso para recargar energías y disfrutar de actividades que nos brindarán felicidad, hagamos planes para actividades placenteras y aprovechemos al máximo estos momentos.

Hacer pausas con regularidad: Esto es esencial para mantener nuestra energía y productividad, aprovecharlas de manera efectiva nos ayudará a mantener un equilibrio saludable.

Hacer un esfuerzo por relajarnos antes de empezar a trabajar: La relajación previa al trabajo nos ayuda a prepararnos mental y emocionalmente para las tareas que tenemos por delante, incorporemos técnicas de relajación en nuestra rutina diaria.

Intentar mantener la mente activa: Una mente activa y ágil nos permite enfrentar desafíos y aprender de manera continua.

Vamos a rodearnos de personas optimistas y alentadoras: Nuestro entorno social influye en nuestro bienestar y actitud. Es muy importante rodearnos de personas optimistas y alentadoras ya que nos apoyarán en nuestro crecimiento personal.

Mantener relaciones sanas y una red de personas útiles: Las relaciones saludables y una red de contactos útiles pueden abrirnos oportunidades y brindarnos apoyo emocional.

Si experimentamos síntomas de ansiedad, tristeza o estrés, busquemos la ayuda de un experto capacitado: Es fundamental cuidar de nuestra salud mental y emocional. Busquemos ayuda profesional si tenemos síntomas de ansiedad, tristeza o estrés persistentes.

Dediquemos tiempo a desconectar y recargar las pilas: En un mundo cada vez más acelerado, es esencial dedicar tiempo para desconectar y recargar nuestras energías. Este tiempo de descanso es muy valioso, además es vital incorporarlo en nuestra rutina diaria para mantener un equilibrio saludable.

Vivir en el presente nos permite experimentar una mayor satisfacción y aprovechar al máximo cada momento. Estas estrategias prácticas nos ayudarán a cultivar una vida plena y productiva, enfocada en el poder del presente.

CAPÍTULO 6

El pensamiento excesivo y su impacto

El pensamiento excesivo es un patrón de pensamiento caracterizado por una rumiación constante, obsesión y preocupación exagerada sobre situaciones pasadas, presentes o futuras.

Se trata de una actividad mental repetitiva y negativa que consume una gran cantidad de energía y atención, desmejorando nuestra calidad de vida y bienestar emocional.

El impacto del pensamiento excesivo puede ser significativo y abarcar diferentes áreas de nuestra vida. A nivel emocional, puede generar ansiedad, estrés, frustración e irritabilidad.

Nuestra mente se ve atrapada en un ciclo de pensamientos negativos y catastrofistas, lo cual afecta nuestra autoestima y confianza en nosotros mismos.

Además, el pensamiento excesivo puede interferir con nuestra capacidad para concentrarnos y tomar decisiones claras. Nos distrae de nuestras tareas y nos impide disfrutar del presente.

También puede tener repercusiones en nuestras relaciones, ya que estamos tan inmersos en nuestros pensamientos que nos volvemos menos presentes y atentos hacia los demás.

En el ámbito físico, el pensamiento excesivo prolongado puede manifestarse en síntomas como dolores de cabeza, tensión muscular, trastornos del sueño e incluso problemas de salud más graves como trastornos gastrointestinales o cardiovasculares.

El estrés crónico asociado al pensamiento excesivo puede debilitar nuestro sistema inmunológico y tener un impacto negativo en nuestra salud en general.

Es importante ser consciente del impacto negativo del pensamiento excesivo para poder abordarlo y buscar estrategias efectivas para manejarlo.

Al aprender a reconocer cuándo nuestros pensamientos se vuelven excesivos, podemos tomar medidas para controlarlos y redirigirlos hacia otros temas más positivos y constructivos.

El primer paso para contrarrestar el impacto del pensamiento excesivo es cultivar la conciencia y la atención plena.

Aprender a observar nuestros pensamientos sin juzgarlos y sin identificarnos completamente con ellos nos permite distanciarnos y ganar perspectiva.

Esto nos ayuda a cuestionar la validez y veracidad de nuestros pensamientos negativos, ya encontrar formas más saludables de abordar las situaciones que nos preocupan.

Otras estrategias útiles incluyen la práctica de técnicas de relajación, como la respiración profunda, la meditación y el ejercicio físico regular. Estas actividades nos ayudan a liberar la tensión acumulada en nuestro cuerpo ya calmar nuestra mente.

También es importante cultivar una mentalidad de gratitud y apreciación por las cosas positivas en nuestra vida. Enfocarnos en lo que está bien y en lo que podemos controlar nos ayuda a contrarrestar los patrones negativos de pensamiento ya generar una perspectiva más equilibrada.

El pensamiento excesivo tiene un impacto significativo en nuestra vida emocional, mental y física. Reconocer este impacto es el primer paso para abordarlo y encontrar estrategias efectivas para manejarlo.

A través de la conciencia plena, la atención a nuestros pensamientos y la adopción de hábitos saludables, podemos liberarnos del pensamiento excesivo y vivir una vida más equilibrada y satisfactoria.

Pensamientos excesivos y estrés

En nuestra vida cotidiana, a menudo nos encontramos atrapados en una espiral de pensamientos negativos y preocupaciones que parecen no tener fin.

Estos pensamientos excesivos pueden llegar a ser agotadores y, con el tiempo, contribuir al desarrollo de un estrés crónico que afecta nuestra salud mental y física.

Hay una conexión profunda entre los pensamientos excesivos y el estrés crónico, comprendiendo cómo se alimentan químicos y descubriendo estrategias para liberarnos de su abrazo paralizante.

El círculo vicioso entre pensamientos excesivos y estrés crónico: Los pensamientos excesivos y el estrés crónico están íntimamente relacionados y pueden formar un círculo vicioso que es difícil de romper.

Cuando nos encontramos atrapados en una rueda de pensamientos negativos y preocupaciones constantes, nuestro cuerpo y mente reaccionan como si estuviéramos en peligro constante.

Esto desencadena la respuesta de estrés, que activa una cascada de reacciones químicas en nuestro cuerpo, incluida la liberación de hormonas del estrés como el cortisol y la adrenalina.

A su vez, el estrés crónico prolongado tiene un impacto negativo en nuestra capacidad para manejar los pensamientos excesivos.

Nuestro sistema nervioso se sobrecarga, lo que nos dificulta encontrar calma y perspectiva frente a las preocupaciones que nos acosan.

El estrés crónico también puede afectar nuestra calidad de sueño, alimentación y capacidad para relajarnos, lo que aumenta la intensidad de los pensamientos excesivos y perpetúa el ciclo de estrés.

El estrés crónico tiene consecuencias significativas para nuestra salud, tanto a nivel mental como físico. En el aspecto mental, puede contribuir al desarrollo de trastornos de ansiedad, depresión y problemas de concentración.

La fatiga mental y emocional se convierte en una carga constante, y nuestras habilidades para resolver problemas y tomar decisiones efectivas se ven comprometidas.

A nivel físico, el estrés crónico puede debilitar nuestro sistema inmunológico, aumentando la susceptibilidad a enfermedades e infecciones.

También puede desencadenar dolores de cabeza, problemas digestivos, tensión muscular y problemas cardiovasculares.

Además, el estrés crónico prolongado puede acelerar el envejecimiento celular y aumentar el riesgo de enfermedades crónicas como la diabetes, la hipertensión y enfermedades del corazón.

Los pensamientos excesivos y el estrés están relacionados específicamente y pueden afectar diferentes aspectos de nuestra vida.

A continuación, te quiero mostrar cómo es esta relación e incluyo algunos ejemplos para que lo puedas comprender con mayor facilidad:

Salud física y emocional: Los pensamientos excesivos pueden tener un impacto significativo en nuestra salud física y emocional, ya que están vinculados al estrés crónico. El estrés prolongado puede desencadenar una respuesta de lucha o huida en nuestro cuerpo, lo que puede llevar a síntomas físicos como dolores de cabeza, tensión muscular, problemas digestivos y debilitamiento del sistema inmunológico.

Imagina que estás pasando por una situación laboral estresante y te encuentras constantemente preocupado por tu rendimiento y temeroso de cometer errores. Estos pensamientos excesivos y el estrés resultante pueden manifestarse en dolores de cabeza frecuentes y problemas estomacales, lo que afecta a tu bienestar físico.

Relaciones interpersonales: Los pensamientos excesivos pueden afectar nuestras relaciones interpersonales, ya que pueden hacer que nos volvamos más irritables, ansiosos y emocionalmente agotados. El estrés asociado a los pensamientos excesivos puede dificultar la comunicación efectiva y generar conflictos en nuestras relaciones.

Si estás constantemente preocupado por las opiniones de los demás y temes ser juzgado, es posible que evites participar en actividades sociales o expresar tus opiniones. Esto puede llevar a la falta de conexión con los demás y afectar negativamente tus relaciones.

Productividad y rendimiento: Los pensamientos excesivos pueden afectar nuestra capacidad para concentrarnos y realizar tareas de manera eficiente, lo que puede disminuir nuestra productividad y rendimiento en el trabajo o en otras áreas de la vida. El estrés asociado a los pensamientos excesivos puede dificultar la toma de decisiones y la ejecución de acciones.

Si te encuentras constantemente preocupado por el futuro y rumiando sobre posibles escenarios negativos, es probable que tengas dificultades para concentrarte en tu trabajo. Esto puede llevar a una disminución en su productividad y rendimiento laboral, y aún más estrés.

Autoestima y confianza: Los pensamientos excesivos negativos pueden minar nuestra autoestima y confianza en nosotros mismos. Cuando nos enfocamos en pensamientos autocríticos y dudamos constantemente de nuestras capacidades, es más difícil tener una imagen positiva de nosotros mismos y confiar en nuestras habilidades.

Si tienes pensamientos excesivos acerca de no ser lo suficientemente bueno en tu trabajo, podrías comenzar a cuestionar tus habilidades y valor como profesional. Esto puede afectar tu autoestima y hacer que te sientes inseguro en el entorno laboral.

Bienestar general: Los pensamientos excesivos y el estrés crónico pueden afectar nuestro bienestar general, tanto física como emocionalmente. Pueden generar una sensación de agotamiento, agobio y desgaste emocional constante, lo que impacta negativamente nuestra calidad de vida en general.

Si estás constantemente preocupado por múltiples aspectos de tu vida, como el trabajo, las relaciones personales y las responsabilidades familiares, puedes experimentar una sensación abrumadora de estrés y agotamiento. Esto puede disminuir su disfrute de las actividades diarias y afectar tu bienestar en general.

Sueño y descanso: Los pensamientos excesivos pueden dificultar el sueño y el descanso adecuado. Cuando nuestra mente está llena de preocupaciones y pensamientos recurrentes, puede ser difícil conciliar el sueño o mantenernos dormidos durante la noche. El estrés asociado a los pensamientos excesivos puede provocar insomnio o un sueño de mala calidad.

Si te encuentras constantemente repasando situaciones del pasado o preocupándote por el futuro mientras intentas dormir, es probable que tengas dificultades para conciliar el sueño. Esto puede generar cansancio y afectar tu energía y claridad mental durante el día.

Toma de decisiones: Los pensamientos excesivos pueden dificultar la toma de decisiones, ya que nos encontramos atrapados en un ciclo de análisis excesivo y miedo a cometer errores. El estrés asociado a los pensamientos excesivos puede generar indecisión y dificultad para tomar decisiones importantes en diferentes áreas de nuestra vida.

Si estás frecuentemente preocupado por tomar la decisión equivocada en tu carrera profesional, puedes pasar mucho tiempo analizando todas las opciones posibles y temiendo las consecuencias negativas. Esto puede llevar a la procrastinación y a perder importantes oportunidades de crecimiento y desarrollo.

Autocontrol emocional: Los pensamientos excesivos pueden dificultar el autocontrol emocional, ya que nos volvemos más susceptibles a reacciones emocionales intensas. El estrés asociado a los pensamientos excesivos puede hacer que nos sintamos abrumados por emociones como la ansiedad, la ira o la tristeza, y nos resulte más difícil regular nuestras respuestas emocionales.

Si te encuentras constantemente preocupado por las cosas que podrían salir mal en tu vida, es posible que experimentes episodios de ansiedad intensa que te resulten difíciles de controlar. Esto puede afectar tus relaciones interpersonales y tu bienestar emocional en general.

Autoexigencia: Los pensamientos excesivos pueden llevar a una autoexigencia desmedida, donde nos ponemos expectativas realmente altas y nos presionamos constantemente para alcanzar la perfección. El estrés asociado a los pensamientos excesivos puede generar un sentido de insatisfacción constante y una sensación de nunca estar lo suficientemente bien.

Si te encuentras pensando constantemente en todas las cosas que podrías haber hecho mejor y te sientes insatisfecho incluso cuando logras metas importantes, puedes estar experimentando una autoexigencia excesiva. Esto puede generar estrés crónico y afectar negativamente tu autoestima.

Creatividad y fluidez mental: Los pensamientos excesivos pueden bloquear nuestra creatividad y fluidez mental, ya que nos encontramos atrapados en patrones de pensamiento rígidos y sospechas constantes. El estrés asociado a los pensamientos excesivos puede dificultar la generación de nuevas ideas y limitar nuestra capacidad para resolver problemas de manera innovadora.

Si te encuentras constantemente preocupado por la posibilidad de cometer errores en tu trabajo creativo, es posible que te bloquees y te resulte difícil generar nuevas ideas. Esto puede afectar tu desempeño profesional y tu capacidad para resaltar en tu campo.

Recuerda que cada persona puede experimentar estos aspectos de manera única y en diferentes áreas de su vida. Si te identificas con alguno de ellos y sientes que los pensamientos excesivos y el estrés están disminuyendo negativamente tu bienestar, es recomendable buscar apoyo profesional para aprender técnicas de manejo del estrés y cultivar una mente más tranquila y equilibrada.

Rompiendo el ciclo de pensamientos excesivos y estrés crónico: convenientes, existen estrategias efectivas para romper el ciclo de pensamientos excesivos y estrés crónico, y así recuperar nuestra paz mental y bienestar general.

Conciencia y auto observación: El primer paso es tomar conciencia de nuestros pensamientos excesivos y cómo nos sucede.

Observar nuestros patrones de pensamiento nos permite identificar las necesidades recurrentes y comprender cómo se relacionan con nuestro estrés crónico.

Técnicas de relajación: Practicar técnicas de relajación, como la respiración profunda, la meditación y el yoga, puede ayudarnos a reducir la activación del estrés y calmar nuestra mente.

Estas prácticas promueven la relajación y nos permiten cultivar una actitud más tranquila y equilibrada frente a los desafíos de la vida.

Reestructuración cognitiva: Aprender a desafiar y reemplazar nuestros pensamientos negativos con pensamientos más realistas y positivos puede marcar una gran diferencia en nuestro bienestar.

Identificar los sesgos cognitivos que distorsionan nuestra forma de pensar nos ayuda a cuestionar su validez y adoptar una perspectiva más objetiva.

Manejo del tiempo y establecimiento de límites: Organizar nuestras tareas y prioridades de manera efectiva nos ayuda a reducir la sensación de estar abrumados.

Establecer límites saludables en nuestras responsabilidades y aprender a decir "no" cuando sea necesario nos permite dedicar tiempo a cuidar de nosotros mismos y descansar adecuadamente.

Apoyo social y profesional: Buscar apoyo en familiares, amigos y profesionales de la salud mental puede ser invaluable en el proceso de superar los pensamientos excesivos y el estrés crónico.

Compartir nuestras preocupaciones y buscar orientación nos brinda diferentes perspectivas y herramientas adicionales para enfrentar estos desafíos.

La conexión entre los pensamientos excesivos y el estrés crónico es profundo y puede tener un impacto significativo en nuestra calidad de vida. Sin embargo, al comprender esta relación y aplicar estrategias efectivas, podemos liberarnos de su abrazo paralizante.

Estos ejemplos son solo representativos y cada persona puede experimentar los efectos de los pensamientos excesivos y el estrés de manera única.

Si te sientes identificado con alguno de estos aspectos y estás lidiando con pensamientos excesivos que están empeorando negativamente tu vida, es importante considerar buscar ayuda profesional para aprender estrategias de manejo del estrés y fomentar una mente más tranquila y equilibrada.

Si deseas obtener más información sobre el estrés y descubrir más estrategias para manejarlo de manera efectiva, te invito a consultar mi libro "Serenidad Interior: Descubre el Camino hacia el Equilibrio y la Tranquilidad".

Explora estos valiosos recursos y comienza tu viaje hacia una vida más tranquila y saludable.

¿Cuándo buscar ayuda profesional?

Los pensamientos excesivos pueden ser una carga emocional y mental para quienes los experimentan. Todos tenemos pensamientos recurrentes en algún momento, pero cuando estos se vuelven abrumadores, persistentes y descienden negativamente nuestra calidad de vida, es importante saber reconocer si se están saliendo de control.

Pero ¿Cómo identificar si nuestros pensamientos excesivos se están volviendo problemáticos? ¿Cuándo es el momento adecuado para buscar la ayuda de un especialista en salud mental?

Algunas señales de que nuestros pensamientos excesivos se están saliendo de control son:

Interferencia en las actividades diarias: Si tus pensamientos excesivos comienzan a interferir con tus actividades diarias, como el trabajo, las relaciones o el disfrute de actividades placenteras, es un indicio de que se están saliendo de control. Por ejemplo, si te resulta difícil concentrarte en una tarea debido a los pensamientos intrusivos constantes.

Aumento de la ansiedad y el estrés: Si tus pensamientos excesivos te causan un nivel significativo de ansiedad y estrés, al punto de afectar tu bienestar emocional y físico, es un signo de que necesitas atención especializada. La preocupación constante y la rumiación pueden desencadenar síntomas de ansiedad, como taquicardia, sudoración excesiva y dificultad para respirar.

Patrones de pensamientos negativos: Si tus pensamientos excesivos siguen patrones negativos, como anticipar siempre lo peor o enfocarse en lo negativo, puede indicar que estás atrapado en un ciclo destructivo de pensamientos. Estos patrones pueden influir negativamente en tu perspectiva de la vida y tu estado de ánimo general.

Pérdida de sueño y agotamiento: Si tus pensamientos excesivos te impiden conciliar el sueño o te despiertan durante la noche, provocando una falta de descanso adecuado, es una señal clara de que necesitas ayuda. La falta de sueño adecuado puede empeorar la ansiedad y afectar a tu salud en general.

Algunas señales de que necesitamos buscar la ayuda de un especialista para controlar nuestros pensamientos excesivos:

Persistencia de los pensamientos excesivos: Si tus pensamientos excesivos persisten durante un período prolongado, a pesar de tus esfuerzos por controlarlos, es recomendable buscar ayuda profesional. Un especialista en salud mental puede ayudarte a comprender las causas subyacentes de tus pensamientos y brindarte estrategias efectivas para manejarlos.

Impacto significativo en tu vida: Si tus pensamientos excesivos están empeorando negativamente tu vida personal, laboral o social, y no puedes funcionar adecuadamente debido a ellos, es hora de buscar ayuda. Un especialista puede ayudarte a identificar las áreas problemáticas y trabajar contigo para desarrollar habilidades de afrontamiento más saludables.

Deterioro de la salud mental y emocional: Si tus pensamientos excesivos están causando un deterioro en tu salud mental y emocional, como depresión, ataques de pánico u otros trastornos de ansiedad, es esencial buscar la ayuda de un especialista. Ellos pueden proporcionarle un diagnóstico adecuado y recomendar el tratamiento adecuado.

Intentos fallidos de autogestión: Si ha intentado manejar sus pensamientos excesivos por su cuenta, utilizando técnicas como la meditación o la escritura, pero no ha experimentado mejoras significativas, es hora de considerar la ayuda profesional. Un especialista puede evaluar su situación de manera más completa y ofrecerte enfoques terapéuticos adaptados a tus necesidades específicas.

Reconocer si tus pensamientos excesivos están saliendo de control es un paso importante hacia el autocuidado y el bienestar mental.

Si experimentas señales de que tus pensamientos excesivos están empeorando negativamente tu vida diaria, como interferir con tus actividades, aumentar la ansiedad y el estrés, o mantener patrones negativos de pensamiento, es esencial considerar la ayuda de un especialista en salud mental.

Recuerda que buscar apoyo no es una señal de debilidad, sino una muestra de valentía y deseo de mejorar tu calidad de vida.

En mi libro "Desconecta: La Guía Definitiva de Técnicas para Dejar de Pensar Demasiado, Gestionar el Estrés y Dominar Tus Emociones", de esta colección de autoayuda, encontrarás información adicional y estrategias prácticas para abordar estos desafíos y encontrar la calma mental que tanto deseas.

Conclusión

Al liberar nuestra mente del ciclo del pensamiento excesivo, nos abrimos a una vida llena de calma, paz y serenidad.

Nos liberamos de las cadenas de la preocupación constante y nos permitimos experimentar la alegría y la plenitud en el presente.

A medida que nos alejamos de los pensamientos que nos limitan y nos conectamos con nuestro ser interior, encontramos un mayor sentido de claridad y propósito en nuestras vidas.

En el viaje de explorar y liberar nuestra mente del ciclo del pensamiento excesivo, hemos recorrido un camino lleno de aprendizajes y descubrimientos sobre nuestro bienestar emocional.

A lo largo de este libro titulado "Cómo Dejar de Pensar Demasiado para Empezar a Vivir", hemos explorado las causas, los efectos y las estrategias para manejar y superar los pensamientos excesivos que nos llevan al estrés y descienden nuestra salud mental.

Hemos aprendido que los pensamientos excesivos son un fenómeno común, pero también podemos identificarlos como una barrera que nos impide vivir plenamente y disfrutar del presente.

Han quedado claras las diversas formas en que los pensamientos excesivos pueden manifestarse en nuestra mente, desde rumiar situaciones pasadas hasta preocuparnos excesivamente por el futuro. Estos patrones de pensamiento nos alejan de la calma mental y nos sumergen en un estado de estrés crónico.

Durante este recorrido, he tenido el privilegio de compartir contigo las herramientas y consejos prácticos que pueden marcar la diferencia en tu vida diaria.

También hemos explorado una amplia gama de estrategias y técnicas para romper el ciclo del pensamiento excesivo y liberar nuestra mente de su tiranía.

Hemos descubierto la importancia de la conciencia plena y la meditación, que nos ayudan a cultivar una atención enfocada ya liberarnos de la rumiación constante.

Aprendimos sobre la práctica de la autocompasión y la aceptación, que nos permiten abrazar nuestros pensamientos sin juzgarlos y encontrar una perspectiva más compasiva hacia nosotros mismos.

Además, hemos explorado cómo la práctica regular de técnicas de relajación y el ejercicio físico, pueden ayudarnos a liberar la tensión acumulada en nuestro cuerpo y mente, brindándonos un mayor equilibrio y serenidad.

La importancia de establecer límites saludables y practicar el autocuidado también ha sido enfatizada, recordándonos que debemos reservar tiempo para nosotros mismos y priorizar nuestra salud mental.

Comprender y controlar los pensamientos excesivos es un proceso continuo y en constante evolución. Por eso, me gustaría invitarte a seguir explorando más textos de autoayuda y desarrollo personal, que pueden brindarte aún más apoyo y conocimiento en tu camino hacia la serenidad y el equilibrio emocional.

En particular, me gustaría recomendarte mi libro "Desconecta: La Guía Definitiva de Técnicas para Dejar de Pensar Demasiado, Gestionar el Estrés y Dominar Tus Emociones", el cual forma parte de la colección que he escrito con el objetivo de ayudarte en tu viaje hacia una vida más plena y satisfactoria.

Este libro se enfoca específicamente en el estrés y proporciona una guía integral para comprender sus causas, identificar sus efectos en tu bienestar y, lo más importante, descubra las estrategias prácticas para cultivar la serenidad interior y el equilibrio emocional.

A través de "Desconecta", aprenderás técnicas efectivas para gestionar el estrés, desarrollar la resiliencia emocional y encontrar la tranquilidad en medio del caos diario.

Explorarás diferentes enfoques, como la meditación, la atención plena y el autocuidado, que te ayudarán a encontrar tu propia paz interior ya construir una base sólida para tu bienestar mental y emocional.

Recuerda que el camino hacia la serenidad interior no es lineal ni estático. Requiere dedicación, práctica y un compromiso constante contigo mismo. Sin embargo, cada pequeño paso que tomes en este viaje te acercará cada vez más a la vida plena y equilibrada que deseas.

Recuerda que la transformación comienza desde dentro, y al comprometerte con el proceso de liberación, estarás dando un paso importante hacia una vida más equilibrada, consciente y plena.

Gracias por acompañarme en este viaje de liberación de la mente. Te deseo éxito y plenitud en tu camino hacia la serenidad interior. ¡Sigue explorando y descubriendo tu verdadero potencial!

Con cariño,
Simone Keys

BONUS 1

Afirmaciones para la autotransformación

Las afirmaciones son declaraciones positivas que nos ayudan a reprogramar nuestra mente y fomentar un cambio positivo en nuestras vidas. En el contexto del Eneagrama, podemos utilizar afirmaciones específicas basadas en cada tipo de personalidad para promover la autotransformación y el crecimiento personal.

A continuación, veamos qué afirmaciones efectivas ayudan el día a día a cada tipo de personalidad:

Personalidad Tipo 1 - El Perfeccionista

Soy suficiente tal como soy. Me permito cometer errores y aprender de ellos.

Reconozco que el progreso es más importante que la perfección. Me permito crecer y evolucionar en lugar de buscar la excelencia absoluta.

Aprecio mis logros y reconozco que el éxito no está determinado únicamente por los resultados finales, sino por el esfuerzo y la dedicación que pongo en cada tarea.

Personalidad Tipo 2 - El Ayudador

Valoro mi propio bienestar y establezco límites saludables. Me permito recibir apoyo y cuidado.

Aprendo a decir "no" cuando es necesario y establezco límites saludables para mantener mi bienestar emocional y físico.

Reconozco que cuidarme a mí mismo me permite estar en mejores condiciones para ayudar a los demás de manera más efectiva y sostenible.

Personalidad Tipo 3 - El Triunfador

Mi valor no depende de mis logros externos. Mi autenticidad es mi mayor fortaleza.

Mi valía no está ligada únicamente a mis logros externos, sino a mi autenticidad y la calidad de mis relaciones personales.

Aprecio los momentos de descanso y disfrute, reconociendo que la verdadera felicidad no depende solo de alcanzar metas, sino de disfrutar el viaje.

Personalidad Tipo 4 - El Individualista

Celebro mi singularidad y me acepto en todas mis facetas. Mi creatividad ilumina mi camino.

Exploro y abrazo mi diversidad interna. Cada parte de mí tiene su propósito y contribuye a mi singularidad y crecimiento personal.

Aprecio el poder de mi creatividad y permito que guíe mis elecciones, trayendo nuevas perspectivas y oportunidades a mi vida.

Personalidad Tipo 5 - El Investigador

Confío en mi sabiduría interna y comparto mi conocimiento con los demás. Soy parte del todo.

Confío en mi intuición y sabiduría interior al tomar decisiones y buscar conocimiento. Mi perspectiva única enriquece mi entorno y beneficia a los demás.

Comparto generosamente mi conocimiento y experiencias, sabiendo que, al hacerlo, contribuyo al crecimiento y desarrollo de aquellos que me rodean.

Personalidad Tipo 6 - El Leal

Confío en mí mismo y en el proceso de la vida. Soy valiente y capaz de enfrentar cualquier desafío.

Confío en mí mismo y en mi capacidad para enfrentar desafíos. Estoy en constante crecimiento y desarrollo, y tengo la valentía necesaria para superar cualquier obstáculo que se presente.

Cultivo relaciones basadas en la lealtad y la confianza mutua, creando un entorno de apoyo y colaboración en mi vida.

Personalidad Tipo 7 - El Entusiasta

Encuentro plenitud en el presente y aprecio las bendiciones de cada momento. La alegría está dentro de mí.

Encuentro alegría y plenitud en cada momento presente, apreciando las pequeñas cosas que me traen felicidad y gratitud.

Cultivo una mentalidad de abundancia y optimismo, reconociendo que la alegría y la felicidad son estados internos que puedo nutrir y experimentar en cualquier momento.

Personalidad Tipo 8 - El Protector

Soy fuerte y poderoso, me permito ser vulnerable y mostrar compasión hacia los demás.

Reconozco mi fortaleza y poder personal, y también me permito mostrar vulnerabilidad y compasión hacia los demás.

Uso mi fuerza y protección para cuidar y apoyar a aquellos que me importan, creando un entorno seguro y amoroso a mi alrededor.

Personalidad Tipo 9 - El Pacificador

Me afirmo y expreso mis necesidades de manera clara y asertiva. Mi voz es importante y valorada.

Afirmo y expreso mis necesidades y deseos de manera clara y respetuosa, sabiendo que mi voz y mis opiniones son importantes y valoradas.

Busco la armonía y la resolución pacífica de conflictos, creando un espacio donde todos se sientan escuchados y comprendidos.

Para el buen uso de estas y otras afirmaciones positivas, es recomendable:

Sé consciente de tus pensamientos: Observa tus pensamientos y detecta patrones negativos o limitantes. Identifica las creencias que deseas cambiar y reemplázalas por afirmaciones positivas.

Elige afirmaciones poderosas: Crea afirmaciones que resuenen contigo y que sean relevantes para tu crecimiento personal. Deben ser positivas, en tiempo presente y estar formuladas en primera persona.

Repite y refuerza: Repite tus afirmaciones diariamente, preferiblemente en momentos de paz, al despertar o antes de dormir. Refuerza su efectividad visualizándote viviendo la realidad que deseas mientras las recitas.

Refuerza tus afirmaciones con acciones coherentes: Las afirmaciones son más efectivas cuando van acompañadas de acciones coherentes. Alinea tus acciones y comportamientos con las creencias y actitudes que deseas manifestar en tu vida.

Al utilizar afirmaciones basadas en cada tipo de personalidad del Eneagrama, puedes dirigir tu enfoque hacia los aspectos específicos que deseas fortalecer y transformar en tu vida.

Recuerda que las afirmaciones no son una solución mágica, sino una herramienta que te ayuda a reprogramar tu mente y crear un cambio positivo en tu vida.

El uso de afirmaciones efectivas requiere compromiso y práctica constante. A medida que practicas y te comprometes con las afirmaciones, gradualmente comenzarás a cultivar una mentalidad más positiva, confiada y empoderada.

El cambio lleva tiempo y esfuerzo. Sé paciente contigo mismo y mantén una actitud de apertura y receptividad. No esperes resultados instantáneos, sino que practica consistentemente y confía en el proceso.

Al adoptar afirmaciones positivas y realistas, puedes reprogramar tu mente y comenzar a alinear tus pensamientos, creencias y acciones con tu verdadero potencial.

No te desanimes si al principio no sientes un cambio inmediato, la práctica constante y la perseverancia son clave para obtener resultados duraderos. Con el tiempo, las afirmaciones pueden ayudarte a cambiar tus patrones de pensamiento negativos, fortalecer tu autoconfianza y permitirte alcanzar tus metas y aspiraciones.

Adapta las afirmaciones a tu propio lenguaje y forma de pensar. Elige palabras y frases que te generen una sensación de conexión y empoderamiento, las afirmaciones deben ser realistas y creíbles para ti, ya que tu mente necesita aceptarlas como verdaderas para que sean efectivas.

A medida que practiques las afirmaciones de manera consistente y las integres en tu vida diaria, comenzarás a notar cambios positivos en tu forma de pensar, sentir y actuar. Por ejemplo, si afirmas que eres una persona saludable, apoya esa afirmación con elecciones alimenticias saludables y ejercicio regular.

Las afirmaciones poderosas pueden ser una herramienta invaluable para la autotransformación y el crecimiento personal. Al combinar afirmaciones efectivas con visualizaciones claras y acciones coherentes, podrás cultivar una mentalidad positiva y construir una vida más alineada con tu verdadero ser.

BONUS 2

Pasos para Construir Relaciones Saludables

Las relaciones saludables y significativas son fundamentales para nuestro bienestar emocional y personal. Nos brindan apoyo, compañía y un sentido de conexión profunda. Sin embargo, construir relaciones saludables puede ser un desafío, ya que cada individuo trae consigo experiencias y patrones de comportamiento únicos.

La base de toda relación saludable es una comunicación abierta y honesta, esto implica:

Aprender a expresar nuestros sentimientos, pensamientos y necesidades de manera clara y respetuosa.

Escuchar activamente a tu pareja, amigo o familiar, mostrando interés genuino y empatía.

Establecer límites claros en las relaciones, esto es esencial para garantizar el respeto mutuo y el equilibrio emocional.

Aprender a decir "no" cuando sea necesario y a poner límites en situaciones incómodas.

La confianza es un pilar fundamental en las relaciones saludables. Para construirla, es importante:

Ser auténtico.

Cumplir con las promesas y compromisos.

Evitar la manipulación, la deshonestidad y el engaño.

Practicar la empatía y la comprensión al ponerse en el lugar del otro y validar sus emociones y perspectivas.

Identificar y abordar los patrones tóxicos, comportamientos abusivos o falta de respeto en las relaciones.

Superar los patrones tóxicos requiere un trabajo personal y un compromiso mutuo. Puedes buscar apoyo profesional o considerar la terapia para trabajar en la sanación y el cambio.

Es importante recordar que cada relación es única y requiere atención constante. Al desarrollar una mayor conciencia de ti mismo y de tus patrones de relación, podrás nutrir y fortalecer tus conexiones con los demás.

Recuerda que las relaciones saludables también implican cuidar de ti mismo. Establece límites y dedica tiempo para tu autocuidado físico y mental.

BONUS 3

Técnicas prácticas para Cultivar la Resiliencia Emocional

La resiliencia emocional es una habilidad esencial para enfrentar los desafíos y adversidades de la vida con fortaleza y adaptabilidad. Nos permite recuperarnos de las dificultades y mantener una actitud positiva.

La resiliencia emocional es esencial para nuestro bienestar emocional y mental, nos ayuda a enfrentar situaciones estresantes, superar fracasos y mantener una mentalidad positiva. Al cultivarla, desarrollamos la capacidad de manejar nuestras emociones de manera saludable y construir una base sólida para el crecimiento personal.

Existen varios aspectos que la resiliencia emocional puede fortalecer en nuestra personalidad. Por ejemplo:

Adaptación al cambio: Permite adaptarnos a los cambios y transiciones de la vida de manera más efectiva. Nos ayuda a aceptar y superar los obstáculos, encontrando nuevas oportunidades en medio de la adversidad.

Manejo del estrés: Nos ayuda a manejar el estrés de manera más eficiente. Nos permite identificar nuestras respuestas emocionales ante situaciones estresantes y tomar medidas para reducir el impacto negativo del estrés en nuestra salud y bienestar.

Autoconfianza: Fortalece nuestra confianza en nosotros mismos. Nos ayuda a creer en nuestras habilidades para superar los desafíos y nos brinda la valentía necesaria para enfrentar situaciones difíciles.

Existen diversas prácticas que pueden ayudarte a fortalecer tu resiliencia emocional. A continuación, te presento algunos ejercicios y técnicas recomendadas:

Autoconocimiento emocional: Toma el tiempo para explorar y comprender tus propias emociones. Practica la atención plena y la introspección para reconocer tus patrones emocionales y cómo te afectan. Esto te permitirá desarrollar una mayor conciencia de ti mismo y de tus respuestas emocionales.

Construcción de una red de apoyo: Cultiva relaciones sólidas y de apoyo con familiares, amigos y miembros de tu comunidad. Comparte tus sentimientos y experiencias con personas de confianza, ya que esto puede brindarte el apoyo emocional necesario en momentos difíciles.

Búsqueda de apoyo social: Busca el apoyo de personas cercanas a ti, como amigos, familiares o grupos de apoyo. Compartir tus experiencias y emociones con otros puede ayudarte a obtener perspectivas diferentes y sentirte comprendido. Participa en actividades sociales que te brinden conexiones positivas y te permitan sentirte parte de una comunidad.

Practica la autocompasión: Aprende a tratarte con amabilidad y comprensión cuando enfrentes desafíos o te equivoques. Reconoce que todos cometemos errores y que el crecimiento personal implica aprender de ellos. En lugar de juzgarte severamente, practica la autocompasión y date permiso para ser humano.

Mantén una actitud de aprendizaje: Cultiva una mentalidad abierta y receptiva al aprendizaje continuo. Considera cada experiencia como una oportunidad para crecer y aprender más sobre ti mismo. Sé curioso y dispuesto a explorar nuevas perspectivas y enfoques en la vida.

Aceptación y adaptación: Aprende a aceptar las circunstancias que no puedes cambiar y enfócate en adaptarte a ellas. Reconoce que el cambio es una parte inevitable de la vida y busca nuevas formas de abordar los desafíos.

Práctica de la resolución de problemas: Desarrolla habilidades para resolver problemas de manera efectiva. Divide los desafíos en pasos más pequeños y abordables, y busca soluciones creativas. Esto te ayudará a enfrentar los obstáculos con una mentalidad proactiva.

Cuidado personal: Prioriza tu bienestar físico y mental. Dedicar tiempo a actividades que te brinden alegría, descanso y rejuvenecimiento es fundamental para cultivar la resiliencia emocional. Establece límites saludables en tu vida y aprende a decir "no" cuando sea necesario. El autocuidado también implica mantener una alimentación balanceada, descansar lo suficiente y mantener una rutina de sueño adecuada.

Desarrollo de habilidades de afrontamiento: Aprende técnicas de afrontamiento saludables para manejar el estrés y las emociones negativas. Esto puede incluir la práctica regular de ejercicio físico, técnicas de relajación como la meditación o la respiración profunda, y la búsqueda de actividades que te ayuden a expresar tus emociones, como escribir en un diario o practicar un hobby.

Cultivo de pensamientos positivos: Practica la gratitud y el enfoque en aspectos positivos de tu vida. Desafía tus pensamientos negativos y reemplázalos por afirmaciones positivas. Elabora una lista de logros pasados y fortalezas personales para recordarte tu capacidad de superar obstáculos y enfrentar desafíos.

Desarrollar la resiliencia emocional es un proceso continuo que requiere práctica y dedicación. Al fortalecer nuestra capacidad para manejar las emociones y adaptarnos a las situaciones difíciles, podemos enfrentar los desafíos de la vida con confianza y mantener una perspectiva positiva.

Utiliza estos ejercicios y técnicas para construir una base sólida para tu bienestar emocional y crecimiento personal.

Recuerda ser amable contigo mismo durante este viaje de autotransformación.

Bonus 4

Ejercicios de Visualización y Transformación Personal

La visualización puede ser una forma efectiva de explorar y profundizar en nuestro interior, es una herramienta poderosa que nos permite acceder a nuestra imaginación y crear imágenes mentales vívidas y significativas.

Mediante la visualización, podemos conectar con nuestras metas, sueños y deseos más profundos, y utilizar esta poderosa herramienta para potenciar nuestro autoconocimiento y nuestro crecimiento personal.

En este bonus, aprenderemos algunos ejercicios de visualización que nos ayudarán a transformar nuestra vida de manera positiva y significativa.

Veamos algunos ejercicios de visualización que pueden ayudarnos a potenciar nuestro autoconocimiento:

La sala de los espejos: Imagina que entras en una sala llena de espejos. Cada uno refleja una faceta diferente de tu personalidad, tus fortalezas, tus debilidades, tus sueños y tus miedos. Observa detenidamente cada reflejo y reflexiona sobre lo que revela sobre ti. Usa esta visualización para obtener una comprensión más profunda de quién eres.

El jardín interior: Cierra los ojos e imagina que caminas por un hermoso jardín. Cada elemento del jardín representa un aspecto de tu vida: las flores simbolizan tus relaciones, los árboles representan tu crecimiento personal, el agua refleja tu tranquilidad interior. Observa cómo se ve cada elemento y cómo interactúan entre sí. Reflexiona sobre lo que te gustaría cambiar, mejorar o cultivar en tu jardín interior. Utiliza esta visualización para explorar tus deseos y metas en diferentes áreas de tu vida.

Nuestra imaginación tiene un poderoso impacto en nuestra percepción y en nuestra capacidad de crear cambios positivos en nuestra vida. Utilicemos la imaginación como una herramienta de cambio positivo.

Viaje al futuro: Cierra los ojos e imagina que te encuentras en un futuro lejano, donde has logrado todos tus objetivos y te sientes plenamente realizado. Observa tu vida en este futuro y visualiza todos los detalles: cómo te sientes, qué logros has alcanzado, cómo te relacionas con los demás, etc. Utiliza esta visualización para conectarte con tu visión de éxito y para establecer metas claras y motivadoras en el presente.

Transformación de creencias limitantes: Identifica una creencia que te impide avanzar hacia tus metas. Cierra los ojos e imagina que sostienes esa creencia en tus manos. Visualiza cómo transformas esa creencia en algo positivo y empoderador. Imaginar que la creencia se convierte en una semilla que plantas en el suelo fértil de tu mente, y disfruta como va creciendo una nueva creencia que te fortalece y te impulsa hacia el éxito.

Recuerda que la visualización es una práctica personal y única para cada persona. Puedes adaptar los ejercicios de visualización a tus propias necesidades y preferencias. Encuentra un lugar tranquilo, cierra los ojos, respira profundamente y sumérgete en la experiencia imaginativa.

Al utilizar estas poderosas visualizaciones, desarrollarás una conexión más profunda contigo mismo, descubriendo nuevas posibilidades y potencialidades en tu vida.

La visualización no solo te ayuda a enfocarte en tus metas y sueños, sino que también te proporciona una herramienta efectiva para superar obstáculos, fortalecer tu confianza y despertar tu creatividad.

A medida que te sumerges en tu imaginación, te abres a nuevas perspectivas y posibilidades, creando una base sólida para el crecimiento y el cambio positivo en tu vida. Así, podrás avanzar hacia la manifestación de tu verdadero ser y vivir una vida plena y significativa.

Las visualizaciones son una valiosa herramienta para la transformación personal, permitiéndote potenciar tu autoconocimiento, explorar tus deseos y metas, y transformar creencias limitantes en empoderadoras.

Al construir relaciones saludables, estarás cultivando un entorno de apoyo, confianza y crecimiento mutuo. A través de la atención y el compromiso, puedes crear relaciones duraderas y significativas que te impulsen hacia una vida más plena y satisfactoria.

Capítulo La buena voluntad

Los estudios han demostrado que las personas son más felices y se sienten más realizadas cuando dan a los demás sin esperar nada a cambio.

Espero que tu experiencia lectora o auditiva de hoy te produzca esa misma emoción...

Sólo te llevará uno o dos minutos responder a una pregunta básica.

¿Qué pasaría si pudieras marcar la diferencia en la vida de alguien a quien nunca has conocido y no tuvieras que pagar por ello ni obtener crédito por ello?

Si te gusta la idea, me gustaría hacerte una breve petición.

Por favor, si has sacado algo de la lectura de hoy, dedica un par de minutos de tu día a valorar este libro objetivamente. Sólo te llevará 30 segundos de tu tiempo hacer saber a los demás lo que piensas.

Compartir lo que has aprendido y lo que te ha inspirado puede contribuir en gran medida a empoderar a los demás.

¿Has escrito alguna vez la reseña de un libro?

Si utilizas un Kindle u otro dispositivo electrónico de lectura, puedes dejar una reseña deslizando el dedo hacia arriba desde la última página del libro.

Si has comprado una copia física de este libro puedes dejar una reseña en la página del producto en Amazon.

Una opinión positiva tuya ayuda a que mi trabajo llegue a más personas y afecte positivamente a su vida, salud y bienestar.

Espero que hayas disfrutado del viaje a través de las páginas de este libro y que mis experiencias te aporten y te motiven a recorrer tu propio camino hacia tu crecimiento personal, bienestar y felicidad.

¡Feliz camino!
Simone Keys

www.ingramcontent.com/pod-product-compliance
Lightning Source LLC
Chambersburg PA
CBHW050251010526
44107CB00003B/271